최고의
리더는
글을
쓴다

1퍼센트 리더들의 성공 습관

최고의
리더는
글을
쓴다.

홍선표 지음

변하지 않는 가치와 본질을 전하는
홍선표 기자의 소셜 콘텐츠

1. 뉴스레터

홍선표의 홍자병법 | https://page.stibee.com/subscriptions/48278

매주 한 번 이메일로 찾아가는 뉴스레터 서비스. 경제, 비즈니스 전략, 리더십, 투자 기법 등을 주제로 쉽고, 깊이 있는 정보를 전달한다.

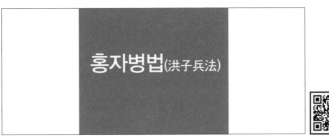

2. 브런치

홍선표의 브런치 | https://brunch.co.kr/@rickeygo

앞으로 출간될 저자의 책 원고를 미리 만나볼 수 있는 블로그. 100만 건 이상의 누적 조회수를 기록 중이다.

3. 유튜브

홍선표의 고급 지식

2021년 1월 기준 1만 명이 구독하고 있는 유튜브 채널. 글로 썼던 주제 중에서 방송에 적합한 소재들을 선별해 콘텐츠로 제작하고 있다.

4. 팟캐스트

홍선표 기자의 써먹는 경제경영 | https://audioclip.naver.com/channels/554

2018년 네이버 오디오클립 Top 10 채널에 선정된 팟캐스트 방송. 복잡한 경제 현상을 쉽게 이해하도록 돕는 경제 상식 콘텐츠들을 만날 수 있다.

리더가 되고 싶은 당신이
글을 써야만 하는 이유

시대가 달라졌다. 과거와 달리 이제는 구성원의 자발적인 지지 없이는 조직을 움직일 수 없다. 또한 소통을 위한 노력 없이는 고객의 마음을 얻기도 힘들다. 오늘의 리더들에게 글을 써서 자기 생각을 정확히 알리는 능력이 갈수록 더 중요해지는 것도 이러한 이유다.

당신은 팀이나 조직을 이끌고 있는 리더인가? 조직의 성과를 끌어올리고 싶은가? 구성원들의 공감과 동의를 얻어내고 싶은가? 그렇다면 당신은 지금 당장 책상 앞에 앉아 글을 써야 한다. 글을 써서 당신의 생각을 전해야 한다. 그러지 않는다면 앞으로 다가올 세상에 당신의 자리는 없을 것이다. 그러나 아쉽게도 아직도 한국의 많은 리더들이 글을 쓰지 않는 것이 현실이다.

이 책은 리더의 글쓰기에 대한 책이다. 작가, 학자, 언론인 등 글 쓰는 일을 업으로 하는 이들의 이야기는 나오지 않는다. 대신 각자의 분야에서 최고의 자리에 오른 리더들이 지금의 자리에 오르기 위해 글이 지닌 다섯 가지 힘을 각각 어떻게 활용했는지를 보여주는 데 집중한다.

이 책에는 자신의 큰 꿈을 이루기 위한 수단으로 글쓰기를 효과적으로 활용한 리더들이 등장한다. 빌 게이츠 마이크로소프트 창업자, 제프 베이조스 아마존 창업자, 워런 버핏 버크셔해서웨이 창업자, 일론 머스크 테슬라 창업자와 같이 스스로의 힘으로 세계 최고의 부를 일군 인물들의 실제 이야기다.

사업으로 거대한 부를 일궈낸 이들의 성공에 글쓰기가 대체 어떤 역할을 했다는 건지 의아해할 독자들도 있을 것이다. 하지만 분명히 말할 수 있다. 만약 이들이 글을 쓰지 않았다면 오늘날과 같은 자리에 오르기 위해 훨씬 더 많은 시간과 노력을 들였어야만 했을 것이다. 이 책에 등장하는 리더들에게 글쓰기는 목표에 더욱더 빨리 다가갈 수 있게 해주는 지름길이었다.

나는 최고의 리더들이 글쓰기로 이룬 성과를 구체적으로 설명하고, 이를 통해 많은 이들이 글쓰기를 시작할 수 있도록 돕고자 했다. 또한 과거, 현재, 미래를 하나로 묶어 자신이 원하는 것을 얻을 수 있도록 돕는 글쓰기의 힘을 설명하고자 했다. 이런 목적 아래 최고의 리더들이 글을 쓰는 이유를 다섯 가지로 정리했다.

> 첫째, 최고의 리더는 지지와 힘을 모으기 위해 쓴다(설득).
> 둘째, 최고의 리더는 판단을 내리기 위해 쓴다(판단력).
> 셋째, 최고의 리더는 남과 다른 나를 위해 쓴다(브랜딩).
> 넷째, 최고의 리더는 상품을 팔기 위해 쓴다(마케팅).
> 다섯째, 최고의 리더는 목표를 달성하기 위해 쓴다(목표).

최고의 리더들이 쓴 많은 글을 읽으면서 확실하게 알게 된 사실은 그들은 일을 통해 이루고자 하는 목표를 뚜렷하게 정한 다음에야 행동에 나선다는 점이었다. 필자 역시 이번에 책을 쓰면서 최고의 리더들에게 배운 이 교훈을 따랐다. 그래서 책을 구상하는 단계에서부터 타깃 독자들을 정해놓고 이들에게 일대일로 이야기를 들려준다는 생각으로 글을 써나갔다.

이 책의 1차 타깃 독자는 '조직에서 성공하고 싶은 젊은 직장인들과 사업으로 성공하려는 젊은 창업자들'이다. 직장인이라면 누구나 알겠지만, 조직에서 한 계단씩 올라갈수록 실무적인 업무 능력만큼이나 사람들을 설득하고 사람들을 하나로 모아 공동의 목표를 향해 나아갈 수 있도록 만드는 능력이 중요해진다. 특히 자신의 회사를 이끄는 리더라면 반드시 이 같은 능력이 있어야만 한다.

최고의 리더들은 글로써 사람들의 지지를 얻어냈다. 또한 판단 및 행동의 기준을 구성원들과 공유함으로써 업무의 효율성을 높여 나갔다. 이런 사례들을 보며 독자 여러분 또한 능력을 키우는 데 크게 도움이 될 것이라 자신한다.

최근에는 SNS(소셜 네트워크 서비스)와 온라인 스토어를 기반으로 1인 창업에 나서는 젊은 창업자들이 빠르게 늘어나고 있다. 이런 창업자들이야말로 자기 생각을 간결하고 명확하게 전달하는 능력을 필수적으로 갖춰야 한다. 자신이 파는 상품에 대해 사람들에게 알리고, 고객들을 응대하고, 고객들의 재방문을 유도하는 일의 거의 대부분이 글을 통해 이뤄지기 때문이다. 홀로 브랜딩과 마케팅까지 책임져야 하는 작은 회사의 창업자라면 3장과 4장의 내용이 도움이 될 것이다.

조금 더 범위가 넓은 2차 타깃 독자는 '글을 통해 자기 생각을 보다 논리적이고 간결하게 표현하기를 원하는 이들'이다. 과제와 시험을 모두 글쓰기를 통해 평가받는 대학생, 기업이 왜 자신을 뽑아야 하는지 설득해야만 하는 취업 준비생, 독서를 좋아하고 책을 읽으며 떠오른 생각들을 다른 이들과 공유하고 싶은 애독자, 블로그와 SNS를 통해 자신이 알고 있는 지식을 나누고 싶은 이들에게도 이 책의 내용이 도움이 되리라 생각한다.

앞서 출간했던《내게 유리한 판을 만들라: 경쟁의 낡은 원칙 깨기》,《홍선표 기자의 써먹는 경제상식》과 마찬가지로 이 책도 저자 인세의 20퍼센트는 어려운 환경에서도 꿈과 희망, 용기를 잃지 않고 살아가는 어린이와 청소년을 위해 기부한다. 지난번 책을 선택해준 독자들 덕분에 시각장애인 학교에서 공부하는 한 학생을 돕고, 코로나19로 학교가 문을 닫으면서 어려움을 겪고 있는 어린이들의 도시락을 마련하는 데 돈을 기부할 수 있었다. 최고의 리더들의 글을 보며 배운 것 중 한 가지는 어린이와 청소년에 대한 투자만큼 값진 투자는 없다는 것이다. 필자 역시 이런 좋은 투자에 참여할 기회를 놓치고 싶지는 않다.

글을 쓰는 일은 오늘보다 더 나은 내일을 꿈꾸는 사람만이 할 수 있는 행동이다. 지금보다 더 나은 자신이 되고 싶지 않다면 굳이 바쁜 시간을 쪼개 글을 쓰면서 과거를 뒤돌아보고, 현재를 분석하며,

미래에 이루고자 하는 목표를 세울 필요가 없을 것이기 때문이다.
그럼 지금부터 최고의 리더들이 글을 통해 이뤄낸 다섯 가지 성과
에 대해 알아보도록 하자.

홍선표

차례

1장

설득

**지지와 힘을
모으기 위해
쓴다**

2장

판단력

**판단을
내리기 위해
쓴다**

설득

지지와 힘을 모으기 위해 쓴다

Writing for Leaders

설득:
지지와 힘을 모으기 위해 쓴다

최고의 리더는 사람들을 설득하고 조직을 이끌기 위해 글을 쓴다. 자신이 무슨 일을 하는지 사람들에게 이해시키고 그들의 지지를 얻기 위해 글을 쓴다. 최고의 리더에게 글쓰기는 사람들을 설득해 하나로 힘을 모으는 최고의 도구다. 글쓰기가 설득을 위한 최고의 도구인 이유는 간단하다. 글이야말로 시간과 공간의 차이를 넘어 글쓴이와 독자가 일대일로 만나 대화를 나누는 유일한 기회를 제공하기 때문이다. 수천 년 전 지구 반대편에 살았던 사람이더라도 우리는 그가 남긴 글을 통해 얼마든지 그와 자유롭게 이야기를 나눌 수 있다.

글을 쓰고 읽는 것은 인간이 하는 일 중에서 가장 개인적인 행위다. 글을 쓰기 위해 준비하는 단계에서 주변 사람들의 도움을 받을 수는 있어도 자기 생각을 문자로 담아내는 그 순간만큼은 남이 대신해줄 수도, 다른 이의 도움을 받을 수도 없다.

여럿이 함께 영화를 보고 음악을 들을 수는 있어도 글을 읽는 행동은 오로지 혼자서만 할 수 있다. 설령 한 권의 책을 펼쳐놓고 여럿이 함께 읽어나간다고 해도 눈에 들어온 활자가 머릿속에 불러일으키는 생각과 정서는 저마다 다르다. 읽는 이의 세계관, 감성, 지적 수준에 따라 똑같은 문장도 사람마다 전혀 다른 반응을 이끌어낸다. 글을 쓰는 일만큼이나 글을 읽는 일도 남이 대신해줄 수 없는 내밀한 혼자만의 행동인 이유다. 분명 같은 단어와 문장이 같은 순서로 배열된 똑같은 글이지만 읽는 이에 따라 저마다 다른 글을 읽는다. 100명의 독자가 있다면 100편의 다른 글이, 1,000명의 독자가 있다면 1,000편의 다른 글이 존재하는 셈이다.

최고의 리더가 사람들을 설득하기 위해 글을 쓰는 이유를 알아보기 전에 먼저 최고의 리더가 글을 읽는 이유부터 알아보자. 그들이 읽는 이유를 알면 쓰는 이유는 저절로 보인다.

최고의 리더들은 모두 책벌레다

　세계적인 리더들이 모두 엄청난 독서광이란 사실은 너무나도 익숙한 이야기다. 빌 게이츠든 마크 저커버그든 일론 머스크든 누구나 알 만한 창업자 이름을 한 명만 떠올려보라. 누가 됐든 그 사람은 책벌레일 게 틀림없다. 몇몇 사례들을 살펴보자.

　손정의 소프트뱅크 회장은 회사를 창업하고 2년 뒤인 1983년 간염에 걸려 3년 동안이나 병원에 입원해서 지냈다. 자칫하면 목숨을 잃을지도 모르는 상황이었다. 그런데도 그는 손에서 책을 놓지 않았다. 회사를 경영하는 일을 빼고 남는 시간은 모두 책 읽기에 쏟았다. 이 시기에 읽은 책이 약 4,000권에 이른다. 그가 중학교를 마친 뒤 홀로 미국 유학에 나섰던 것도 책 덕분이었다. 시바 료타로가 쓴 대하소설 《료마가 간다》를 읽고 감명을 받은 중학생 손정의는 자신도 역사 속 인물인 료마처럼 큰 세상을 만나고 싶다고 생각했고, 곧바로 미국으로 떠났다.

제프 베이조스 아마존 CEO 역시 다르지 않다. 어린 시절부터 영재교육을 받았던 그에게 글을 읽고, 글을 쓰고, 사람들에게 자기 생각을 말하는 건 특별한 일이 아니었다. 1977년 출간된《총명한 아이를 기르는 법: 학부모가 본 텍사스 영재교육》에는 같은 학교 여자아이가 자기보다 책을 더 많이 읽는다며 분해하는 초등학교 6학년 베이조스의 모습이 담겨 있다. 그가 세계에서 가장 큰 서점을 만들겠다는 목표로 아마존닷컴을 창업하고, 회사 안에서 자신을 포함한 최고위 임원들로만 구성된 독서 모임을 운영하는 것도 우연이 아니다.

일론 머스크 역시 책에 빠져 살았던 것은 마찬가지다. 그의 동생 킴벌 머스크는 "형은 하루에 보통 열 시간씩 책을 읽었다. 주말이면 하루에 두 권도 읽었다"고 말한다. 초등학생 시절의 머스크는 오후 2시쯤 학교를 마치면 곧장 서점으로 달려가 부모가 돌아오는 저녁 6시까지 계속해서 책을 붙들고 살았다. 초등학교 3, 4학년 때에는 이미 학교 도서관과 마을 도서관에 있는 책을 모두 다 읽어서 사서에게 책을 더 주문해달라고 졸랐고, 나중에 가서는《브리태니커 백과사전》까지 모조리 읽어버렸다. 그가 우주탐사를 위한 로켓을 개발하겠다고 마음먹은 뒤 가장 먼저 한 일도 소련의 로켓 과학자들이 쓴 책을 구해서 읽는 것이었다.

틈날 때마다 SNS를 통해 사람들에게 책을 추천하는 빌 게이츠가 독서광인 건 누구나 아는 사실이다. 2018년에는 스웨덴의 의료보건학자 한스 로슬링이 쓴 《팩트풀니스: 우리가 세상을 오해하는 10가지 이유와 세상이 생각보다 괜찮은 이유Factfulness》를 미국의 모든 대학·대학원 졸업생에게 선물하기도 했다. 노예해방을 이뤄낸 에이브러햄 링컨도 평생 손에서 책을 놓지 않았다. 평소 책 읽는 걸 일하지 않고 빈둥거리는 것으로 생각했던 링컨의 아버지는 아들이 책 읽는 모습이 눈에 띌 때마다 책을 빼앗아 갈기갈기 찢어버렸지만 링컨은 결코 독서를 포기하지 않았다. 제대로 학교교육을 받지 못했던 링컨은 어른이 된 뒤에야 홀로 글쓰기를 연습한다. 새뮤얼 커컴이 쓴 영문법 책 《영어 문법》을 빌리기 위해 20킬로미터가 넘는 길을 걸어야 했지만 문법에 맞는 제대로 된 글을 쓸 수 있게 됐다는 생각에 힘든 줄도 몰랐다.

서로 다른 시대에 태어나 전혀 다른 환경에서 살아갔지만 최고의 리더들은 모두 엄청난 독서광이었다. 그들 모두가 최고의 책벌레였던 이유는 간단하다. 최고의 리더들만큼 누군가 자신을 설득해주기를 간절히 바라는 인물도 없기 때문이다.

책은 작가와 독자 사이의 일대일 대화다. 그 누구도 둘 사이의 대화에 끼어들 수 없다. 독자는 자신이 이때껏 겪어온 경험과 이를 통해 갖게 된 그만의 세계관과 배경지식, 판단 기준을 바탕으로 작가의 메시지를 해석하고 흡수한다.

최고의 리더들만큼 자신보다 더 뛰어난 누군가가 나타나 자신의 좁디좁은 세상을 더 넓혀주고, 때로는 자신이 우물 안의 개구리라는 사실을 일깨워주면서, 그동안 자신이 세상을 바라봐왔던 관점 자체를 깨부숴주기를 갈망하는 이들도 없다. 자신보다 앞서 살았던 인물이든, 아니면 동시대를 살아가는 인물이든 누군가가 자신의 지적 영토를 더 확장해주기를 매일같이 열망한다. 그렇기에 그들은 쓰기 전에 먼저 읽는다. 독서를 통해 작가에게 설득당하고, 작가의 지식과 관점, 생각의 흐름을 모조리 흡수해낸 최고의 리더는 그저 아는 것에 멈추지 않는다. 뭔가를 배웠다는 사실에 만족하며 머무르지 않는다는 말이다. 이것이야말로 최고의 리더와 평범한 독서 애호가를 가르는 기준이다. 그들은 자신이 글을 읽고 배운 지식을 재료로 자신만의 철학, 세계관, 행동을 만들어낸다.

병원에 입원해 있는 동안 수천 권의 책을 읽었던 손정의는 동양 병법의 고전 《손자병법》에 푹 빠져든다. 손자와 성이 같은 자신이 사실은 손자의 후손일지도 모른다고 생각했을 정도다. 훗날 그는 《손자병법》의 내용에 자신의 경험과 전략을 더한 손정의만의 경영 철학인 '손의 제곱 법칙'을 만들어낸다. 어떤 경우에도 전쟁에서 패배하지 않는 비결을 설명하는 《손자병법》의 내용을 현대적으로 변용해 압도적인 성과를 만들어내기 위한 자신만의 비즈니스 전략을 수립한 것이다.

제프 베이조스는 책을 읽고 배운 점을 그대로 실천하는 인물이다. 2001년 미국의 경영 사상가 짐 콜린스가 쓴 《좋은 기업을 넘어… 위대한 기업으로 Good to Great》를 읽고 감명받은 베이조스는 이후 이 책에서 설명한 '플라이휠 flywheel'과 '자동 강화 고리 self-reinforcing loop'

개념을 아마존의 핵심 전략으로 삼아 회사를 키워냈다. 파괴적 혁신 이론의 거장 클레이튼 크리스텐슨 하버드대학교 경영대학원 석좌교수가 펴낸《혁신기업의 딜레마The Innovator's Dilemma》를 읽은 뒤에는 곧바로 책의 내용을 받아들여 회사의 기존 주력 사업인 종이책 판매 사업을 무너뜨리게 될지도 모를 전자책 단말기 사업에 뛰어들었다. 이렇게 해서 나온 제품이 바로 아마존의 킨들 단말기다.

빌 게이츠는 자신이 쓴《빌게이츠＠생각의 속도: 디지털 신경망 비즈니스Business the Speed of Thought: Using a Digital Nervous System》에서 단 한 권의 비즈니스 서적을 읽어야만 한다면 앨프리드 P. 슬론 2세의《나의 GM 시절: 앨프리드 슬론의 회고록My Years with General Motors》을 읽으라고 추천했다. 그는 자신이 가장 좋아하는 경영 서적인 이 책을 읽고, 여기에서 배운 내용을 실천함으로써 마이크로소프트를 세계 최고의 기업으로 키워낼 수 있었다. 2000년대 초 페이팔을 매각한 뒤 로켓 과학자들의 책에 파묻혀 지냈던 일론 머스크는 결국 민간 기업으로는 최초로 로켓을 우주로 쏘아 올렸다. 문법책을 빌리기 위해 20킬로미터를 걸어야 했던 링컨은 미국 역사상 최고의 연설을 남겼다.

이렇게 최고의 리더들은 자신을 설득하고 깨우쳐줄 누군가를 만나기 위해 책 속으로 끊임없이 여행을 떠난다. 자신보다 더 높은 경지에 오른 누군가에게 가르침을 받고 이를 자신의 삶 속에서 실천할 수 있기를 간절히 원한다. 좀 더 높은 곳에서 세상을 바라볼 수 있게끔 자신에게 어깨를 빌려주는 거인을 만나기를 고대한다.

자신만의 고상한 성채에서 벗어나 더 넓은 세계로 나가기 위해 타인이 쓴 글의 힘을 빌렸던 최고의 리더들은 자신이 배웠던 그대로 다른 이들을 설득하고 조직을 이끌기 위해 글을 쓴다. 지금부터 글을 씀으로써 자신이 그렸던 미래를 현실로 만들어간 사례들을 살펴보자.

중요한 메시지일수록
전달 방식이 중요하다

제프 베이조스는 아는 그대로 실천하는 인물이다. 머릿속에 떠오른 생각을 행동으로 옮기기를 망설이지 않는다. 아는 것만으로는 아무 의미가 없으며 지식은 오로지 실천할 때만 가치가 있다는 것을 이 최고의 행동가는 누구보다 잘 알고 있다. 언제나 새로운 지식을 갈망하고, 변화를 만들어내는 데 도움이 되는 지식을 새롭게 알게 되면 망설이지 않고 실천하는 자세야말로 오늘날의 제프 베이조스를 만든 원동력이다. 어렸을 때부터 소문난 책벌레였던 그는 책이야말로 누군가가 평생에 걸쳐 쌓아온 경험과 지혜를 가장 빠르게, 가장 적은 비용으로 흡수할 수 있는 배움의 성전이란 사실도 잘 알았다.

이런 제프 베이조스가 가장 즐겨 읽었던 책 중 하나는 한 기업인이 평소 직원들에게 보냈던 메모를 묶어낸 책이다. 이 책은 베이조스에게 최고경영자가 글을 통해 자신의 메시지를 직원들에게 꾸준히, 그리고 직접 전달하는 것이 회사를 이끌어나가는 데 얼마나 큰 도움이 되는지를 깨닫게 해준 책이다. 제프 베이조스가 매년 주주서한을 통해 자신의 목표와 회사가 나아가고자 하는 방향을 공개적으로 밝히는 데도 이 책이 큰 영향을 끼쳤다.

이 책의 저자 역시 탁월한 성과를 이뤄낸 뛰어난 경영인이다. 워런 버핏은 이 저자에 대해 "그는 거의 모든 분야에서 나보다 뛰어나다. 브리지 게임, 마술 묘기, 개 훈련, 차익 거래 등 인생에서 중요하다고 생각하는 모든 분야에서 그는 나를 능가한다"라고 익살스럽게 소개했을 정도다.

지금부터 제프 베이조스를 비롯한 전 세계 경영자들에게 커다란 영감을 선사했던 이 인물과 그가 남긴 글을 살펴보자. 특히 이 사례에서는 그가 자신의 메시지를 직원들의 기억 속에 남기기 위해 어떻게 노력했는지 유심히 봐야 한다.

작은 투자은행의 말단 사원으로 시작해 한 계단 한 계단 밟아 올라갔던 그는 최고경영자의 글이라고 해서 직원들이 항상 집중해서 읽는 건 아니라는 사실을 잘 알고 있었다. CEO의 글이든 대통령의 글이든 누가 썼든 상관없이 재미도 없고 감동도 없는 뻔한 글이라면 사람들이 읽다가 금세 그만두는 법이다. 그렇기에 그는 최고경영자의 권위를 내려놓은 채 유머와 위트, 그리고 자신이 창조해낸 독특한 기법을 바탕으로 직원들에게 다가갔다. 회사에는 위계질서와 직급이 있지만 글에서는 그런 것들이 아무런 힘을 발휘하지 못하기 때문이다. 글의 설득력을 결정짓는 건 글쓴이의 사회적 위치가 아닌, 그의 경험과 이를 통해 갖추게 된 자신만의 가치관과 사고력이다.

1949년, 스물두 살의 한 젊은이가 미국 월스트리트에 있는 작은 투자은행에 말단 사원으로 입사한다. 30년 뒤 그는 이 회사의 CEO가 됐고, 이후 21년간 회사를 이끌면서 군소 투자은행에 불과했던 회사를 전 세계 금융투자업계에서 열 손가락 안에 꼽히는 회사로 키워낸다. 월스트리트에서 그가 '에이스Ace(최고, 아주 좋다는 뜻)'라는 별명으로 불렸던 것도 이 때문이다. 그의 이런 성과를 가능하게 만든 비결은 글쓰기였다. 그 스스로도 "나는 내 철학을 전하기 위해 메모라는 수단을 이용했고, 다행히 적절한 효과가 있었다고 생각한다"고 말했다.

그는 뛰어난 경영 실적만큼이나 직원들에게 꾸준히 글을 써서 보내는 것으로도 유명한 경영자였다. 특별히 중대한 일이 있을 때만 직원들에게 글을 쓴 게 아니다. '메모'라는 표현에서 알 수 있듯이 그는 그리 길지 않은 글을 통해 비록 사소해 보이지만 신경 써서 챙겨야 하는 일상 업무와 금융인으로서 반드시 지켜야 하는 가치를 직원들에게 전해왔다.

그가 직원들에게 보냈던 메모들은 이후 《회장님의 메모Memos from the Chairman》라는 제목의 책으로 출간됐다. 제프 베이조스가 틈날 때마다 들춰 보며 교훈을 얻었던 책이 바로 이 책이다. 비용 절감에 목을 매는 짠돌이로 유명한 제프 베이조스이기에 줄곧 비용 절감과 절약 정신을 강조해온 이 인물의 메모에 마음이 더 끌렸을 것이다.

이 이야기의 주인공, 메모를 쓰는 회장님은 바로 앨런 C. 그린버그 전 베어스턴스 회장, 일명 '에이스' 그린버그다. 그는 회장님이라는 직책에서 풍기는 근엄함과는 달리 유머와 위트가 넘치는 유쾌한 인물이었다. 아마추어 마술사이기도 했던 그는 직원들 앞에 나가 마술 솜씨를 선보이는 일을 즐겼다. 그래서인지 그의 책《회장님의 메모》의 저자 소개란에는 요요로 묘기를 펼치는 그의 모습이 실려 있다. 평소 유머를 즐겼던 그는 직원들에게 보내는 글도 어떻게 하면 딱딱하지 않고 웃음이 담긴 메시지를 전달할 수 있을지 고민했고, 이를 위한 자신만의 독특한 방법을 마련했다. 웃음과 함께 찾아가는 메시지야말로 사람들에게 더 깊은 공감을 이끌어낼 수 있다는 걸 알고 있었기 때문이다. 말단 사원부터 시작한 인물인 만큼 회사 CEO가 비용 절감, 겸손, 친절한 고객 응대, 투명한 기업 문화 등에 대해 아무리 강조해도 직원들에겐 잔소리로만 여겨지기 쉽다는 걸 모르지 않았다.

그는 위대한 경영 사상가 '하임킨켈 맬린츠 아나이니칼'의 말을 메모에 거의 매번 인용했다. 이 사상가의 말 중 그린버그가 가장 즐겨 인용한 것은 "자신에게서 나는 냄새가 향기로운 향내가 아님을 자각하고 있는 한 그 사람은 성공할 것이다"였다. 항상 자기 자신을 살펴보면서 결코 자만하지 말고 겸손하게 행동하라는 뜻이다.

"이렇게 고무적인 상황일수록 더욱더 하임킨켈 맬린츠 아나이니칼의 책을 읽고 그의 철학에 대해 곰곰이 생각해보는 시간을 갖는 것이 어떨까 싶습니다", "하임킨켈 맬린츠 아나이니칼이 방금 전화해서는 우리의 8월 실적에 굉장히 감명을 받았다고 이야기해주었습니다", "하임킨켈 맬린츠 아나이니칼이 수년 전에 했던 말을 잊지 말고 기억하도록 합시다. '상황이 어려워지면 강하다고 생각했던 사람들부터 팔기 시작한다'", "일전에 하임킨켈 맬린츠 아나이니칼이 '사슬이 얼마나 강한지를 알고 싶다면 가장 약한 부위를 측정해 보라'고 말한 적이 있습니다."

이름도 어려운 이 철학자야말로 베어스턴스 직원들은 물론 모든 금융인들이 본받고 따라야 하는 인물이라는 게 그린버그의 생각이었다.

대부분의 독자들은 하임킨켈 맬린츠 아나이니칼이라는 이 위대한 인물의 이름을 처음 들어볼 것이다. 평소 책을 즐겨 읽는 사람이라고 하더라도 이 이름은 낯설 수밖에 없다. 당연하다! 애초에 존재하지 않는 인물이니 말이다. 하임킨켈 맬린츠 아나이니칼은 그린버그가 상상으로 만들어낸 가공의 경영 사상가였다. 그는 그린버그와 똑같은 관점으로 회사를 바라보며 똑같이 생각하고 똑같이 말한다. 즉, 그린버그 자신이었다.

그린버그는 자신의 메시지를 보다 효과적으로 전달하기 위해 이처럼 가공의 인물을 만들어냈다. 물론 회사 직원들 역시 아나이니칼이 그린버그를 본떠 만든 가공의 인물임을 모르지 않았다. 그렇지만 똑같은 말이더라도 CEO가 끊임없이 "비용을 아낍시다"라고 외치는 것보다는 위대한 현자에게 배워 온 경영 비결을 직원들에게

1장_설득: 지지와 힘을 모으기 위해 쓴다

들려준다는 식으로 메시지를 전달하는 편이 훨씬 더 부드럽고 거부감이 없다.

매출은 늘리고 비용은 줄이는 게 성공하는 기업을 만드는 첫 번째 조건임은 분명하다. CEO라면 계속해서 직원들에게 강조하고 또 강조해도 모자라지 않는 내용이다. 그러나 때로는 메시지보다 메시지를 전달하는 방법이 더 중요하다. 사람들을 설득하려 할 때 논리와 근거만을 내세운다면 하수다.

물론 많은 수의 사람들이 논리와 근거도 없이 다른 이를 설득하려고 나섰다가 망신만 당하고 쓸쓸히 돌아서는 걸 보면 탄탄한 논리를 갖추는 것만도 대단한 일이다. 하지만 진정으로 사람들을 설득하고 싶다면 논리와 이성을 넘어 듣는 이들의 정서와 감성에까지 다가가야 한다. 사람들이 최대한 열린 마음으로 귀를 기울일 수 있는 환경을 미리 만들어놓고 나서 이야기를 시작해야 한다. 최고의 장군이 미리 유리한 조건을 만들어놓고 싸움에 나서듯 최고의 리더는 말을 꺼내기 전에 먼저 사람들이 자신의 이야기에 집중할 수 있는 환경을 만들어놓는다. 가벼운 웃음 뒤에 찾아오는 깨달음이야말로 훨씬 더 여운이 오래가고 사람들을 움직이게 만든다는 걸 최고의 리더들은 알고 있다.

그린버그가 아나이니칼을 이용해 자신의 메시지를 전한 사례를 한번 살펴보자. 다음은 1985년 6월 19일에 그린버그가 베어스턴스의 모든 직원에게 보낸 메모의 전문이다. 그의 메모 대부분은 짧다. 꼭 필요한 내용만 말하면 되지, 괜히 격식을 차리기 위해 쓸데없는 군더더기들을 덧붙일 필요는 없다는 게 그린버그의 생각이었다.

이미 지나간 5월 얘기이기는 하지만, 지난달에는 마치 1회전에 10점을 딴 것 같은 기분이었습니다. 수익을 올리기 힘든 5월에 솔직히 그렇게 경이적인 실적을 올렸던 때가 과연 언제였나 싶습니다. 하임킨켈 맬린츠가 잠깐 사무실에 들렀다가 지난달 실적을 보고 몇 가지 당부를 했습니다. 계속해서 비용 절감에 힘쓸 것과 자칫 방심했다가 우리 자리를 넘보는 사람들에게 파이를 전부 빼앗기지 않도록 끊임없이 경계할 것 등 기본 원칙들을 잊지 말라는 것이 핵심이었지요.

흔히 사람들은 어려운 고비를 만나야 비로소 비용 절감에 힘쓰는데, 그와 같은 사고가 얼마나 어리석은지 지적하더군요. 로열 플러시를 손에 쥐고도 판돈을 모두 거둬들이지 못한다면 얼마나 한심한 노릇입니까. 그러니 일이 술술 잘 풀리고 있을 때 더욱 비용에 민감해야지요.

지금처럼 계속 적극적으로 일하되 방심하지 말고 자기만족에 빠지지도 맙시다. 마지막으로 당부드릴 가장 중요한 사항은 직원들 간에 서로 협력하면서 사소한 의견 차이 정도는 너그럽게 이해해주자는 것입니다. 굳이 운영 위원회가 나서서 증명해줄 필요도 없이 우리 모두는 이 회사를 위해 희생적으로 일하고 있지 않습니까. 이 점을 잊지 말도록 합시다.

"회사가 잘나갈 때일수록 돈을 더 아껴 써야 한다. 그래야 나중에 위기가 찾아왔을 때도 견뎌낼 수 있다"는 게 그린버그가 평생에 걸쳐 실천해온 철칙이었다. 그만큼 그는 기회가 될 때마다 이 원칙을 직원들에게 알리고 강조해왔는데, 이를 위해 자신이 만들어낸 가상의 철학자 아나이니칼의 입을 빌린다. "잠깐 사무실에 들른 아나이니칼이 나에게 이런 조언을 해줬다"는 식으로 말이다.

아나이니칼이 등장한 지 약 10년이 지나 직원들이 그에게 익숙해질 대로 익숙해졌을 때에는 그의 조카인 이츠하크 나누크 펌퍼니 카나일리언, 줄여서 누크라고 부르는 새로운 캐릭터를 만들어냈다. 조금 더 젊고 새로운 시각으로 회사의 여러 문제점을 지적하고 그에 대한 자신의 해결책을 제시하기 위해서였다.

아무리 비용 절감이 중요한 원칙이라고 하더라도 CEO가 계속해서 틈날 때마다 반복해서 말하면 듣는 직원들 입장에선 솔직히 질릴 수밖에 없다. 나중에는 '또 아끼라는 이야기만 썼겠지'라며 글을 읽지 않고 넘기는 직원들이 늘어날 수밖에 없다. 그린버그는 중요한 메시지일수록 내용만큼이나 전달 방식도 중요하다는 사실을 알고 있었다. 그렇기에 위대한 경영 사상가 아나이니칼을 만들어냈다. 누구나 가공의 인물임을 알고 있는 이 인물의 입을 통해 익살스럽고 재치 있게 자기 생각을 전달함으로써 직원들이 훨씬 더 열린 마음으로 자신의 글을 읽을 수 있도록 했다.

그린버그는 글의 내용만큼이나 자신의 글이 사람들에게 어떻게 받아들여질지, 어떻게 하면 사람들의 관심을 최대한 끌어낼 수 있을지 고민했다. 그는 또 자신만의 독창적인 어휘도 만들어냈다. 대표적인 게 바로 PSD 학위다.

그린버그는 직원들에게 보내는 글에서 MBA(경영전문대학원 석사) 학위보다는 PSD 학위가 경력과 인생에서 성공을 거두는 데 훨씬 더 도움이 된다고 말하며, PSD 학위가 있는 사람이야말로 자신이 가장 원하는 인재라고 강조했다. PSD 학위에 대해 들어본 독자는 아마 없을 것이다. 그린버그의 메모를 읽은 베어스턴스 직원들도 마찬가지였다. 이 학위 역시 그린버그가 만들어낸 가공의 학위니까 말이다. 그린버그가 그토록 중요하게 여겼던 PSD 학위는 과연 무엇일까? 그는 전 직원에게 보낸 이 짧은 메모의 끝부분에 이르러 PSD 학위가 무엇인지 설명한다.

최근 들어 MBA 출신을 고용하려는 기업의 광고가 부쩍 많아졌습니다. 그러나 우리는 8년 전, 직원이 700명이었을 때나 지금 2,600명으로 늘어났을 때나 변함없이 고수해오고 있는 회사 정책을 계속해서 밀고 나갈 것입니다.

솔직히 우리의 마음 깊은 곳에서부터 가장 간절히 바라는 것은 승진이겠지요. 설령 MBA 학위를 가진 사람이 우리 회사에 지원한다 하더라도 MBA 학위 때문에 그 사람을 홀대하는 일은 없겠지만 진짜 우리가 찾고 있는 것은 PSD 학위를 가진 사람들이라는 점을 잊지 마시기 바랍니다. MBA 출신들끼리의 경쟁만 두드러지게 나타나서 그렇지, 사실 알고 보면 이 회사도 PSD 학위를 가진 사람들이 세웠고 지금도 찾아보면 주변에 많이 있습니다.

우리가 정말로 똑똑하다면, 사이 루이스나 거스 레비스, 버니 래스커스와 같은 삶을 살 수 있을 것이라고 생각합니다. 이들은 모두 고등학교 졸업장과 PSD 학위만 가지고 인생에서 성공한 사람들이지요. PSD란 가난하지만 똑똑하고 부자가 되고자 하는 강한 열망 ─Poor, Smart and a Deep Desire to Become Rich─을 지닌 사람을 뜻합니다.

공감과 동의를 얻어낼 수 있는 능력

어떤 조직의 조직 문화가 민주적인지 권위적인지, 수평적인지 수직적인지를 구별할 수 있는 방법 중 하나는 리더가 구성원들을 향해 직접 글을 쓰는지 아닌지를 살펴보는 것이다. 구성원 한 명 한 명을 독립적인 사고를 하는 개인, 스스로 생각할 줄 아는 주체로서 존중하는 리더만이 직접 글을 쓰기 때문이다.

민주적이고 수평적인 조직의 리더는 글을 쓴다. 조직 구성원을 자신의 지시를 무조건 따르는 수동적인 객체가 아니라 스스로 생각해서 움직이는 능동적인 주체로 생각하기 때문이다. 이들은 사람은 마음으로 공감하지 못하는 일에는 절대 최선을 다하지 않는다는 사실을 잘 알고 있다. 그렇기에 글을 통해 구성원 한 명 한 명을 설득해 자신과 같은 방향을 바라보게 만드는 것이야말로 리더의 가장 큰 의무라고 생각한다.

윈스턴 처칠, 존 F. 케네디, 넬슨 만델라처럼 큰 업적을 남긴 민주 사회의 지도자들 중에서 글과 연설로 명성을 떨친 인물들을 쉽게 찾아볼 수 있는 것도 이러한 이유다. 워런 버핏과 빌 게이츠, 마쓰시타 고노스케, 이나모리 가즈오처럼 스스로의 힘으로 탁월한 업적을 일궈낸 창업자들이 뛰어난 작가였던 것도 마찬가지다. 이들은 명령과 지시가 아닌 설득과 공감을 위해 글을 쓴다.

권위적이고 수직적인 조직의 보스는 글을 쓰지 않는다. 그럴 필요가 없기 때문이다. 이들에게 조직 구성원은 자신의 명령을 수행하는 존재일 뿐, 공감을 얻기 위해 설득해야 하는 대상이 아니다. 물론 권위적인 보스들도 가끔 글을 쓴다. 하지만 이들의 글은 글이 아니다. 글의 옷을 입고 있는 명령일 뿐이다. 그럴듯한 형식과 세련된 어휘로 장식돼 있다고 해도 애초에 읽는 이와 소통하고 교감할 마음이 없는 일방향의 명령은 글이 아닌 지시일 뿐이다.

보스는 부하 직원을 설득하지 않는다. 그저 명령할 뿐이다. 자기 생각과 그 근거를 글로써 자세히 설명하는 것은 자신의 신성한 권위를 깎아내리는 행동이라고 생각한다. 황제는 신민들에게 칙서를 내릴 뿐 그들을 위해 글을 쓰진 않는다.

연초가 되면 한국의 많은 기업들이 CEO의 메시지를 담은 신년사를 직원들에게 발표한다. 대기업 CEO들의 메시지는 외부에도 공개되고 언론에서도 이 내용을 자세히 다룬다. 하지만 이런 글들 중에서 진정으로 직원들의 마음을 움직이고 회사 바깥의 사람들에게까지 울림을 주는 글이 여태껏 몇 편이나 있었는지는 잘 모르겠다.

1장_설득: 지지와 힘을 모으기 위해 쓴다

아쉽게도 한국의 리더들은 대부분 글을 쓰지 않는다. 정치인이든 기업인이든, 공직에 있든 어느 영역에 속해 있든 크게 다르지 않다. 사람은 필요하다고 생각되지 않는 일은 하지 않는 법이다. 한국의 리더들이 글을 쓰지 않는 이유는 글을 쓸 필요를 느끼지 못하기 때문이다. 이는 그들이 어떤 과정을 거쳐 지금의 자리에 올라왔는지 살펴보면 쉽게 알 수 있다. 한국 사회의 많은 리더들, 특히 공공 영역에서 일하는 리더들은 대부분 '고시'라는 치열한 경쟁을 통과했고 그 대가로 처음부터 남보다 훨씬 앞선 곳에서 자신의 경력을 시작했다. 이렇게 화려하게 데뷔한 이들 중에서도 상사의 기대를 100퍼센트, 아니 200퍼센트 이상 충족시켰던 사람들만이 갈수록 좁아지는 문을 통과해 계속해서 위로 올라갈 수 있었다. 위에서 내려온 지시를 충실히 이행함으로써 상사를 만족시키기만 하면 안정적으로 승진을 기대할 수 있던 시대였다.

물론 과거나 지금이나 부하 직원들에게 신망을 얻는 게 조직 안에서 위로 올라가는 데 큰 도움이 되는 건 마찬가지지만, 적어도 과거에는 부하 직원들의 평가보다는 윗선의 선택이 개인의 승진과 조직 안에서의 성공에 끼치는 영향이 훨씬 더 컸다. 솔직히 지금도 한국의 대부분 조직들은 이렇다. 나는 이 점이 한국의 리더들이 누군가를 설득하기 위해 글을 쓸 필요를 느끼지 못했던 이유라고 본다. 설득보다는 지시와 명령을 통해 훨씬 더 빠른 효과를 기대할 수 있었으니 당연한 일이다.

이는 민간 기업이라고 해서 다르지 않다. 오늘날에는 분위기가 많이 달라졌다고는 하지만 과거 한국 기업들의 문화는 군대보다도 더 엄하고, 상명하복이 강제되는 분위기였다. 카리스마 있는 창업자가 명령을 내리면 임원들과 중간 관리자들을 거쳐 말단 직원에게까지 순식간에 지침이 전달되는 시스템이었고, 최고경영자의 말에 이의를 제기한다는 건 감히 상상하기 힘든 일이었다. 스스로 생각해서 행동하는 것은 애초에 직원들에게 기대되는 일이 아니었다.

조직의 두뇌 역할은 오너 CEO를 비롯한 극소수의 고위 임원들이 담당하고 나머지 대부분의 직원들은 그들의 손과 발이 돼 열심히 일하기만 하면 되는 구조였다. 지시만 내리면 모두가 알아서 일사불란하게 움직이는데 이런 상황에서 굳이 직원들을 설득한다며 글을 쓸 리더가 있겠는가?

이런 분위기 속에서 성장한 오늘날의 기업인들에게 머릿속에 그리고 있는 구상에 대해 글을 써서 사람들에게 이해와 동의를 구한다는 건 낯선 생각일 수밖에 없다. 사람들을 설득하기 위해 그들과 눈높이를 맞춘다는 것은 자신의 권위를 스스로 떨어뜨리는 일이라고 생각될 수밖에 없다.

이런 리더들의 눈으로 봤을 때 오늘날 새롭게 사회에 진출하는 젊은 세대들을 이해하지 못하는 것도 무리는 아니다. 일을 지시해도 '이 일을 왜 해야 하는지' 이유를 먼저 찾고, 자신이 마음으로 동의하지 못하는 일에는 제대로 열정을 쏟지 않는 젊은 세대들의 모습은 도무지 이해할 수 없고 낯설 뿐이다. 젊은 세대들의 생각을 이해해볼 요량으로 트렌드 책도 여러 권 사서 읽고 유명 강사들의 강의도 들어보지만, 그런다고 해서 자신과는 전혀 다른 환경에서 성장한 새로운 세대의 생각을 이해하기란 쉽지 않다.

직원들을 명령과 지시의 대상이 아닌 설득을 통해 지지와 공감을 얻어야 하는 대상으로 바라보는 인식의 전환 없이는 새로운 세대의 마음을 읽을 수도, 그들의 마음을 얻을 수도 없다.

과거의 리더들은 명령과 지시만으로도 충분히 조직을 이끌 수 있었다. 시대가 이를 가능케 했다. 하지만 오늘날의 리더들은 구성원의 자발적인 지지 없이는 조직을 움직일 수 없다. 이 역시 시대가 달라졌기 때문이다.

오늘날의 리더들에게 글을 써서 자기 생각을 논리 정연하게 알리는 능력이 갈수록 더 중요해지는 것도 이러한 이유다. 만약 사람들의 공감과 동의를 얻는 리더가 되고 싶다면 당신이 지금 당장 해야 할 일은 책상 앞에 앉아 글을 쓰는 것이다. 그러지 않는다면 앞으로 다가올 세상에 당신의 자리는 없다.

쉽게, 소탈하게, 눈높이를 맞추어

이제 직원들의 마음을 얻기 위해 한 글자 한 글자 원고지를 채워갔던 창업자 이야기로 넘어가보자. 스물세 살이던 1917년에 창업한 회사를 세계 최고의 기업으로 만들었던 일본인 경영자의 이야기다. 평범한 경영자가 아니라 '경영의 신'이라고까지 불렸던 인물이다.

일본 역시 한국과 마찬가지로, 아니 어쩌면 한국보다도 훨씬 더 상명하복의 문화가 조직 안에 뿌리 깊게 자리 잡은 나라다. 특히 그가 활발하게 활동했던 20세기 중반은 그런 수직적인 분위기가 지금과는 비교조차 할 수 없이 강했다. 하지만 탁월한 창업자라면 어느 시대에 활동했든지 간에 누구나 알고 있다. 사업의 성패는 사람들의 마음을 얻는 데서 결정되며, 높은 자리에 있다고 저절로 사람들의 마음을 얻을 수는 없다는 걸 말이다. 아무리 돈이 많아도 돈만으로 사람의 마음을 살 순 없다. 지금 다룰 이 창업자도 말 그대로 밑바닥에서 맨주먹으로 시작했기에 이러한 사실을 누구보다 잘 알았고, 그래서 그는 글을 썼다.

1917년 일본 오사카 츠루하시의 허름한 골목길에 자리 잡은 작은 주택에서 스물세 살 청년이 사업을 시작했다. 전셋집이었기에 회사 간판조차 달지 못한 채 아내와 처남, 전 직장 동료 두 명과 함께 2평 남짓한 좁은 방에 둘러앉아 제품을 만들었다. 전구에 연결하는 소켓이 이 회사가 만드는 유일한 제품이었다. 가난한 집에서 태어나 초등학교도 마치지 못했던 이 청년은 아홉 살 때부터 오사카의 번화가인 센바의 화로 판매점과 자전거 상회에서 꼬마 점원으로 일하며 장사를 배웠다.

열여섯 살이 되던 1910년에는 전력 회사인 오사카전등에 수습사원으로 입사했는데, 이때 처음 전기 제품에 대해 알게 됐다. 그는 매일같이 전선을 깔고 전등을 달며 성실하게 일한 덕분에 고속 승진을 거듭해 입사 6년 차인 스물두 살에 사무직으로 승진했지만 얼마 안 가 회사를 그만둔다. 초등학교도 제대로 나오지 못한 자신이 관료적인 대기업에서 위로 올라가는 데는 한계가 있다는 걸 깨달았기 때문이다.

그는 커다란 조직에서 평생 눈에 띄지 않는 부품으로 사느니 어린 시절부터 몸으로 익힌 장사 실력을 살려 자기 사업을 해보자고 결심했다. 사업 아이템은 회사 다닐 때 발명했다가 상사에게 퇴짜 맞았던 전기 소켓. '회사가 내 발명을 무시한다면 내가 직접 한번 팔아보겠다'는 오기도 있었다. 비록 어려운 환경에서 힘겹게 자랐지만 자신감과 승부욕만큼은 누구에게도 지지 않았다.

퇴직금과 남에게 빌린 돈을 합쳐 마련한 200엔, 지금 우리 돈으로 약 2,800만 원으로 시작한 회사였지만 몇 달 만에 문을 닫을 처지에 몰린다. 아무래도 어깨너머로 익힌 기술로 만든 제품인지라 그가 만든 소켓은 결함투성이 불량품이었고, 당연히 사 가는 이들도 없었다.

회사가 망할 지경이 되자 함께 창업했던 직장 동료 두 명은 떠나갔고, 그는 아내의 결혼반지마저 전당포에 맡겨 돈을 구할 수밖에 없었다. 이 젊은이의 앞날엔 어떤 인생이 기다리고 있을까? 어린 시절부터 쉽지 않은 인생을 살아야 했던 청년에게 세상은 언제나 가혹한 곳일 수밖에 없을까?

간판도 없이 시작한 회사의 이름은 마쓰시타전기. 청년은 자신의 성을 그대로 회사 이름으로 삼았다. 이 이름은 훗날 파나소닉으로 바뀐다. 이 청년이 바로 경영의 신, 마쓰시타 고노스케. 파나소닉 창업자다.

일본 기업과 기업인에 대해 잘 모르는 사람들도 한두 번은 들어 봤을 이름이다. 1894년에 태어나 1989년 세상을 떠난 그는 과거는 물론 오늘날에도 일본을 대표하는 기업인으로 꼽힌다. 그가 '경영의 신'으로 불리는 이유는 가난, 질병, 저학력이라는 세 가지 장애물을 극복하고 맨손으로 창업해 마쓰시타전기(지금의 파나소닉)라는 거대한 기업을 일궈냈기 때문이다. 파나소닉은 오늘날에도 매년 40조~50조 원대의 매출을 올리는 글로벌 전자 제품 제조 기업이다. 비록 지금은 그 위상이 전성기 시절만 못하지만, 그가 회사를 이끌었던 시기와 그 이후까지도 수십 년 동안 전 세계 전자 제품 시장을 휘어잡았던 회사다.

기업인으로서 그가 일군 업적과 그의 경영 철학, 일화들을 설명하는 책과 자료는 한국에서도 쉽게 찾아볼 수 있다. 하지만 그가 일본 최고의 베스트셀러 작가였다는 사실은 생각만큼 잘 알려지지 않았다. 500만 부가 훨씬 넘게 팔려 일본 역사상 두 번째로 많이 팔린 책의 저자이자 모두 합쳐 2,000만 권이 넘는 책을 판매한 작가인 만큼 그를 최고의 베스트셀러 작가라고 부르는 건 결코 과장이 아니다.

그는 단 한 번도 정규교육으로 글 쓰는 법을 배운 적이 없다. 오사카전등에서 일하던 시절, 지렁이처럼 꾸불거리는 글씨에 부끄러움을 느껴 사무직으로 일하지 못할 것 같다며 스스로 강등을 요구했던 일화만 봐도 그가 글쓰기와는 거리가 먼 인생을 살아왔다는 사실을 잘 알 수 있다. 그렇다면 그는 대체 언제 스스로 글쓰기 실력을 연마해나갔던 것일까? 회사를 운영하는 것만으로도 하루 24시간이 모자랐던 그가 글을 써야겠다고 결심한 이유는 무엇일까? 그리고 그는 이렇게 쌓은 글쓰기 실력을 회사를 키워내는 데 어떻게 활용했을까?

큰 사업을 일구면서 남들보다 많은 것을 경험하고 배우면 이를 통해 세상과 인간을 바라보는 자신만의 관점과 철학을 만들어낼 수 있다. 그렇다고 해도 그 생각을 흐트러짐 없이 활자로 옮기기 위해선 반드시 따로 글 쓰는 연습을 해야 한다. 정교한 생각이 좋은 문장을 보장하지는 못한다. 정교한 생각은 좋은 문장을 쓰기 위한 기본 조건일 뿐이다. 마쓰시타 역시 자기 생각을 있는 그대로 전하기 위해 남모르게 연습하며 글솜씨를 갈고닦아야만 했다.

사실 마쓰시타가 처음 글을 써야겠다고 마음먹었던 건 자신의 사상을 후세에 남기겠다는 거창한 이유가 아니었다. 젊은 시절 그의 목표는 하루하루가 전쟁 같은 경영 현장에서 살아남아 회사를 더 크게 키우는 것뿐이었다. 사상이나 철학 따위의 거창한 명분을 찾을 여유는 없었다. 평생 스스로를 오사카의 상인으로 여겼던 그였기에 글을 썼던 목적도 지극히 실용적이었다. 자기 생각과 계획, 회사의 현재 상황과 달성해야 하는 목표를 모든 직원에게 알림으로써 조직을 더 효율적으로 이끄는 것, 이것이 바로 그가 처음 펜을 잡았던 이유다.

다른 모든 창업자들과 마찬가지로 마쓰시타도 회사가 성장하고 직원들의 수가 수백, 수천, 수만 명으로 불어나면서 더 이상 모든 직원에게 자기 생각을 직접 전하지 못하게 되는 문제와 맞닥뜨렸다. 회사가 커질수록 최고경영자의 관리 역량이 점점 더 중요해져만 가는 것과는 반대로 직원들에게 리더의 생각을 알리는 일은 점점 더 어려워졌다. 말 한마디 나눠보지 못한 직원들을 강당에 모아놓고 자신을 믿고 회사를 위해 더 노력해달라고 일장 연설을 한다고 해서 그 말이 제대로 받아들여질 리 없었다. 직원들에게 자신이 어떤 사람이고, 자신이 어떤 생각을 가지고 회사를 운영하고 있는지 일대일로 알리는 것이 먼저여야만 했다.

마쓰시타는 직원들과 대화를 나누기 위해 '월급봉투 속 편지'라는 자신만의 수단을 만들어낸다. 아홉 살 때부터 밑바닥 점원으로 일하면서 사람들의 심리를 꿰뚫게 된 그는 사람들을 설득하려면 그들이 기쁘고 즐거울 때 이야기를 꺼내야 한다는 사실을 잘 알고 있었다. 손님이 상점에 들어설 때마다 밝고 우렁찬 목소리로 "어서 오십시오!"라고 외쳤던 어린 시절에 스스로 터득한 교훈이었다. 그는 한 달 중 직원들이 가장 기쁘고 즐거운 날인 월급날마다 자신의 글을 전했다. 아무리 일이 고되더라도 월급날만큼은 즐겁고 행복해지는 게 사람이니까 말이다.

그는 직원들에게 줄 월급봉투 속에 자신이 쓴 편지를 함께 담았다. 엽서 크기의 편지지에 200자 원고지 3~4장 길이의 짧은 글을 썼다. 회사의 현재 상황을 설명하면서 직원들을 격려하거나 좀 더

분발해주기를 부탁하는 내용이 많았다. 때로는 봄에 교외로 놀러 나가기 좋은 계절이 되었다는 가벼운 일상을 담기도 했다. 이렇게 딱히 누구를 찾아가 배우는 일 없이 스스로 글쓰기를 연습해나갔다.

베스트셀러 작가로서 마쓰시타식 글쓰기의 특징은 어려운 단어와 표현을 사용하지 않고 평소 대화에서 사용하는 표현 그대로, 말하듯이 쓴다는 점이다. 직원들에게 자신의 뜻과 마음을 전달하기 위해 홀로 책상 앞에 앉아 고민을 거듭하며 한 문장씩 글을 쓰고 지우기를 반복하면서 이 같은 쉽고 편한 글쓰기 스타일을 익힐 수 있었다.

다음은 그의 대표작이자 지금껏 548만 부(2019년 9월 기준)가 팔려 일본에서 역대 2위의 판매량을 올린 《마쓰시타 고노스케, 길을 열다》에 실린 글의 일부다. 그가 쉽게 읽히는 문장을 쓰는 걸 가장 중요하게 여겼다는 사실을 잘 보여준다.

요즘에는 별로 볼 수 없게 되었지만 예전에는 때때로 전혀 생각지도 못한 장소에서 감자를 씻는 풍경을 목격할 수 있었다. 감자를 가득 담은 큰 나무통 가장자리에 올라선 젊은이가 두 개의 봉으로 열심히 통 속을 휘젓는다. 그 힘에 의해 감자는 위에서 아래로 다시 아래서 위로, 그리고 좌우로 계속 이동하면서 물속을 휘젓고 다닌다.

인생이나 일도 나무통 안의 감자와 같은 움직임을 가진다. 현재

맨 위에 있다고 언제까지나 맨 위에 있는 것은 아니다. 밑에 있는 것도 언제까지나 밑에 깔려 있지만은 않는다. 위로 올라오고 또 내려가는 것을 반복한다. 이렇게 인생의 길은 크고 작은 오르내림이 따른다. 올라가기만 하는 일도 없고 내려가기만 하는 일도 없다. 오르내림을 반복하는 동안 사람은 갈고닦이고 연마된다.

그 자신부터가 정규교육을 받지 못했기에 글을 쓸 때 어렵고 격식을 차린 어휘와 표현을 사용해야 한다는 고정관념이 없었다. 또한 그가 현장에서 직접 경영을 이끌던 시기에 파나소닉 공장에서 일하는 근로자들의 학력 수준 역시 그다지 높지 않았다. 멋있게 쓰는 것보다는 이해하기 쉽게 쓰는 게 무엇보다 중요했다. 책에서 가져온 멋들어진 일화나 고사성어보다는 누구나 일상에서 경험했기에 들으면 바로 머릿속에 그릴 수 있는 사례를 바탕으로 자기 생각을 풀어나가는 그 특유의 글쓰기 스타일이 만들어진 이유다.

두 사람 중 한 사람은 생선을 좋아하고 한 사람은 고기를 좋아한다고 해도 두 사람이 함께 앉아 즐겁게 식사할 수는 있다. 취향은 다르지만 두 사람 모두 좋아하는 음식을 함께 먹으면 된다. 생선을 싫어한다고 해서 이상하게 생각할 필요도 없고, 고기를 싫어한다고 해서 이상하게 생각할 필요도 없다. 그런 것들은 별로 중요한 문제가 아니다. 취향의 차이는 차이대로 받아들이고 각자가 자기가 좋아하는 것을 즐기면 되는 것이다. 그렇게 즐거운 시간을 보내면 마음이 불편해지지 않고 평화로울 수 있다.

    월급봉투 속 짧은 편지를 통해 직원들과 대화를 나눴던 마쓰시타는 이후엔 회사 사보에 정기적으로 글을 썼다. 한 달에 한 번 보내는 글만으로는 직원들과 충분히 소통하기가 어렵다고 생각했기 때문이다. 심각한 주제에 대한 이야기가 아니라 어린 시절 자신이 어떻게 살아왔고, 어떻게 파나소닉을 창업해 지금까지 키워낼 수 있었는지 차분하게 이야기를 풀어나갔다. 말하자면 자신의 자서전을 연재했던 것이다.

    마쓰시타가 이 글을 연재하던 1950년대는 이미 그가 일본 경제계의 거물로 자리를 잡은 데다 파나소닉 직원 수가 약 1만 명에 달하던 시기였다. 회사가 대기업이 된 이후에 들어온 직원들은 자신들의 사장이 어떤 사람인지, 또 회사가 어떤 어려움을 어떻게 극복하며 지금 이 자리까지 올 수 있었는지 잘 모르는 게 당연했다. 직원들의 마음을 하나로 모으기 위해, 앞으로 회사가 나아갈 방향을 이해시키기 위해, 그는 먼저 회사가 어떻게 해서 지금의 자리에 설 수 있었는지 직원들이 정확히 알도록 해야 했다. 그동안 걸어왔던 역사를 모르고선 지금의 상황도 제대로 이해하지 못하는 건 개인이든 기업이든 국가든 모두 마찬가지다.

    이 연재 시리즈에서 마쓰시타는 자신의 약점 역시 감추지 않고 솔직히 털어놓았다. 어렸을 때부터 병약하고 신경질을 자주 부리는 성격이었고, 작은 일에도 울음을 터뜨리는 울보였다는 사실을 있는 그대로 말한다. 제대로 배우지 못한 탓에 창업하기 전에 다녔던 직장에서 겪었던 설움도 담담히 털어놓는다. 자신을 꾸미지 않고 있는 그대로 드러내는 마쓰시타식 글쓰기의 진솔함은 부하 직원들 앞이라고 다르지 않았다.

역사상 최악의 위기를 이겨내도록 만든 이메일

"몇 년 지나면 베이징이 나한테 이러지 못할 거야. 몇 년 뒤에는 모두들 내가 어떤 일을 했는지 알게 될 거야."

1995년 겨울, 중국 베이징에서 남부 항저우로 떠나는 고속버스 안. 한 남자가 창문에 머리를 기댄 채 쓸쓸히 중얼거린 말이다. 몇 개월 전 이 남자는 중국 최초의 상업 인터넷 사이트인 〈차이나 페이지〉를 개설하고 자신의 고향 항저우에서 사업을 시작했다. 호텔, 의류 수출업체, 지방정부 기관 등 해외에 있는 고객들에게 자신을 알릴 필요가 있는 기업들과 기관들의 주문을 받아 인터넷 홈페이지를 제작해주는 회사였다.

처음엔 홈페이지 하나 만들 능력도 없어서 그와 회사 동료들이 항저우 시내 곳곳을 돌아다니며 따 온 일감을 미국 시애틀에 있는 협력사에 보내 홈페이지를 제작한 뒤 돈을 나눠 갖는 방식으로 사업을 했다. 홈페이지에 들어갈 내용을 영어로 작성한 뒤 사진과 함께 국제우편으로 보내면 미국인 개발자들이 이에 따라 홈페이지를 만드는, 지금으로선 상상하기 힘든 원시적인 방식이었다.

남자의 이름은 마윈. 오늘날 한 해에 매출을 88조 원가량(2019년 기준 약 5,097억 위안) 올리고, 매년 11월 11일에 하는 온라인 세일 이벤트인 광군제光棍節(독신자의 날) 때면 자사 쇼핑몰에서 하루에 약 83조 원(2020년 약 4,982억 위안)어치 상품을 판매하는 글로벌 IT 기업의 창업자다.

지금은 '중국 인터넷의 아버지'로도 불리는 마윈이지만 처음에는 작고 볼품없는 '촌놈'일 뿐이었다. 그런 그가 베이징에 있는 중앙정부 부처와 큰 기업들을 대상으로 영업을 해 홈페이지 주문을 수주하고 자기 회사를 알리겠다는 부푼 꿈을 안고 베이징에 올라온다.

그는 항저우에서 지방정부 홈페이지를 성공적으로 오픈한 덕분에 지역 유명 신문에도 연달아 소개되는 등 나름대로 이름을 알렸다. 이 같은 명성을 밑천으로 중국의 중심, 베이징에 진출해 사업을 키워 '중국의 야후를 만들겠다'는 큰 야망을 품었다. 하지만 베이징의 중앙 부처 공무원들과 공산당 간부들에게 마윈은 인터넷이라는 수상쩍은 물건을 들고 찾아온 사기꾼, 잘 봐줘야 잡상인에 불과했다. 중국 최초의 상업용 웹 사이트인 〈차이나 페이지〉가 만들어진 게 불과 몇 달 전이었으니 어찌 보면 그런 대접이 당연했다.

486 노트북 한 대와 홍보 자료 한 뭉치를 들고 꿈에 부풀어 베이징에 올라왔던 마윈은 결국 쓸쓸히 고향으로 돌아갈 수밖에 없었다. 마윈은 이 시절을 떠올리며 "베이징을 떠돌며 지내는 동안 맨바닥에서 잠을 잘 때도 있었다"고 털어놓기도 했다.

그리고 "몇 년 뒤에는 모두들 내가 어떤 일을 했는지 알게 될 거야"라는 그의 말은 우리 모두가 아는 것처럼 현실이 된다. 고향으로 향하는 고속버스에 오른 지 4년도 안 돼 알리바바는 골드먼삭스 등으로부터 500만 달러라는 거액의 투자금을 유치했고(1999년 10월), 다시 3개월 뒤에는 손정의 소프트뱅크 회장으로부터 2,000만 달러의 투자금을 추가로 받아낸다(2000년 1월). 2007년 11월에는 홍콩 주식시장에 회사를 상장시키며 시가총액 28조 원 규모의 회사로 성장할 수 있었다. 눈물을 머금은 채 고향으로 돌아가야만 했던 때로부터 12년 만에 이뤄낸 성과였다. 마윈은 소프트웨어 개발 같은 실무적인 IT(정보 통신) 기술은 전혀 모르는 인물이었다. 그 스스로도 "난 컴퓨터에서 동영상을 틀 줄도 모른다"고 말했을 정도니까 말이다.

이처럼 IT 기술에 대해선 아무것도 모르는 그가 알리바바를 아마존닷컴에 버금가는 세계 2위의 전자 상거래 업체로, 온갖 첨단 IT 기술로 무장한 것을 넘어 기술 자체를 만드는 회사로 키워낼 수 있었던 비결은 무엇일까? 그 비결은 바로 다른 이들을 설득하는 그의 능력에 있다. 그는 글을 통해 평상시뿐 아니라 극한의 위기 상황에서도 구성원들을 하나로 뭉치게 했고, 그들이 하나의 목표를 향해 전진할 수 있도록 만들었다.

회사의 규모가 급성장하면서 모든 직원들과 얼굴을 맞대고 직접 이야기를 나누는 것이 힘들어지자 그는 직원들을 대상으로 이메일 레터를 쓰기 시작했다. 회사의 현재 상황과 지금 이 순간 힘을 집중해야 하는 과제를 설명하고, 회사가 나아가야 하는 장기적인 방향에 대한 자기 생각을 전했다. 그리고 때로는 자신의 잘못된 판단이 초래한 커다란 위기에 대해 동료들에게 사죄하고, 비록 잘못을 저질렀지만 위기를 이겨낼 수 있도록 자신을 한 번만 더 믿어달라고 구성원들을 설득하기 위해 글을 썼다. 그는 최악의 순간에 처했을 때도 글을 통해 역전의 발판을 마련하는 데 성공했다.

"지난 며칠, 정말 괴롭고 마음이 무거웠습니다"라는 말로 시작되는 이 레터가 마윈의 이런 모습을 잘 보여준다. 2003년 5월 초 그가 알리바바의 모든 직원에게 보낸 글이다.

> 지난 며칠, 정말 괴롭고 마음이 무거웠습니다. 특히 오늘 오전 쑹제 양의 확진 소식을 들은 후로 알리바바의 모든 가족 여러분께 대단히 죄송스러운 마음을 금할 길이 없습니다. 지금이라도 우리 직원이 건강을 되찾고 항저우 시민의 안전과 건강을 담보할 수 있는 길이 있다면, 어떤 대가를 치르더라도 적극적으로 나서겠습니다. 지금 어떤 변명도 소용없다는 사실을 잘 알고 있습니다. 불행히도 이미 물이 엎질러졌습니다. 회사의 책임자로서 충분한 예방 대책을 세우지 못했음을 인정하고 사죄드립니다.

대체 알리바바에 어떤 일이 닥쳤길래 마윈이 이렇게 거듭해서 죄송하다고 말하며 문제를 해결하기 위해 어떤 대가든 치르겠다고까지 말하는 걸까? '확진 소식', '항저우 시민의 안전과 건강'이라는 말에서 회사의 사업 영역을 훨씬 넘어선 부분에서 큰 문제가 발생했다는 사실을 짐작할 수 있다. 마윈이 이 이메일을 쓴 날, 알리바바의 모든 직원은 집에 격리돼 집 밖으로 한 발짝도 나올 수 없었다. 온라인 쇼핑몰인 알리바바는 어째서 하루아침에 800만 항저우 시민의 안전과 건강을 위협하는 존재가 돼버린 걸까? 그의 메일을 조금만 더 읽어보자.

이번 일을 통해 저는 알리바바에 우리가 인지하지 못하는 수많은 약점이 존재하며, 그중 상당수는 문제가 발생한 후에야 개선할 수 있다는 사실을 깨달았습니다. 저는 총책임자로서 가능하다면 알리바바의 모든 일을 책임질 것입니다. 하지만 이성적으로 현실을 생각해보면 지금은 비난과 원망에 빠져 있을 때가 아닙니다. 지금 우리는 다 함께 힘을 모아 난관을 극복하고 위기에 도전해야 합니다. 알리바바는 직원도 회사도 경험이 많지 않은 젊은 회사이지만, 이번 위기를 이겨냄으로써 한층 성숙해질 것입니다.

2003년 5월 초 알리바바는 말 그대로 공공의 적이었다. 당시 전 세계를 공포로 몰아넣었던 전염병 사스SARS(중증 급성 호흡기 증후군)를 항저우에 불러온 '주범'이었기 때문이다.

앞서 마윈이 '확진 소식'을 들었다고 말한 여직원이 걸린 질병이 바로 사스였다. 만약 그 직원이 항저우에 있다가 우연히 사스에 걸렸다고 하면 마윈과 알리바바에 대한 비난의 목소리가 그처럼 거세지는 않았을 것이다. 본인이 병에 걸리고 싶어서 걸린 것도 아닐 테니 말이다. 하지만 그 직원은 우연히 사스에 감염된 게 아니라 사스의 발원지이자 사스가 창궐하던 광저우로 회사 출장을 갔다가 사스에 감염된 채 항저우로 돌아왔던 것이다. 그런데 직원들이 사스에 걸릴 위험을 무릅쓰면서까지 광저우로 가야만 했던 건 마윈의 결정 때문이었다.

광저우에서는 해마다 '광교회广交会'라는 중국 최대 규모의 국제박람회가 열린다. 중국 전역의 수많은 기업이 참가해 해외 바이어들에게 자사 제품을 알리고 판매하는 자리다. 알리바바 역시 설립 이후 해마다 이 박람회에 참가해왔는데, 자사의 서비스를 이용하는 고객사들을 대신해 그들의 제품을 해외 바이어들에게 소개하기 위해서였다. 사스가 전 세계로 퍼져 나가면서 광교회 또한 그 규모가 예년보다 크게 줄어들었고, 사스의 위험성을 누구나 알고 있었던 만큼 알리바바가 직원들을 박람회에 보내지 않는다고 해서 뭐라고 할 사람은 없었다. 회사 안에서도 이번만큼은 박람회 참가를 걸러야 한다는 목소리가 높았다.

하지만 마윈은 회사 안팎의 반대를 무릅쓰고 박람회 참석을 결정했다. 물론 쉽게 내린 결정은 아니었다. 며칠 동안 잠 못 자며 고민한 끝에 내린 결정이었다. '박람회에 참가하는 게 알리바바에 홍보·수출 지원 업무를 맡긴 고객사들에 대한 약속을 지키는 길'이라고 생각했기 때문이다. 그리고 이런 마윈의 선택 때문에 알리바바는 회사의 존립이 뿌리째 흔들리는 위기를 겪고 말았다. 2020년 한 해를 뒤흔들었던 코로나19 사태에 빗대 생각해보자.

전염병이 창궐해 사회 전체가 공포에 떨고, 경제가 나락으로 치닫는 시기에 한 기업가가 "고객들과의 약속을 지키겠다"며 직원을 코로나19가 맹렬히 퍼지고 있는 지역으로 출장 보냈는데 그 직원이 코로나19에 걸려서 돌아왔다고 생각해보라. 이 기업인과 회사를 향한 비난과 원망의 목소리가 얼마나 거셀지 상상조차 하기 힘들다. 2003년 5월 마윈과 알리바바가 처했던 상황이다.

알리바바의 잘못은 이것만이 아니었다. 사스 때문에 어려움에 빠진 항저우 중소기업들을 돕는 데 알리바바가 앞장서달라고 부탁하기 위해 알리바바 본사를 찾았던 마오린성 당시 항저우 시장 역시 알리바바 직원의 확진 소식이 알려지자 곧바로 자택에 격리 조치되고 말았다. 사스 예방과 위기 극복을 총지휘해야 하는 행정 총책임자마저 집에 갇히게 만든 것이다. 마윈이 "지난 며칠, 정말 괴롭고 마음이 무거웠습니다", "어떤 대가를 치르더라도 적극적으로 나서겠습니다", "지금 어떤 변명도 소용없다는 사실을 잘 알고 있습니다", "회사의 책임자로서 충분한 예방 대책을 세우지 못했음을 인정하고 사죄드립니다"와 같은 반성과 사죄의 말을 계속해서 반복한 이유였다.

폭풍우가 불어닥치면 선원들은 바다가 아닌 선장을 바라본다. 비록 선장이 잘못된 항로를 선택한 탓에 거센 파도에 휘말리게 됐다 해도 그들은 선장을 바라본다. 선장 역시 사람이기에 때로는 잘못된 판단을 내린다는 걸 선원들도 모르지 않는다. 그들이 가장 알고 싶어 하는 건 선장에게 사나운 비바람을 뚫고 나갈 용기가 있느냐는 것, 오직 그것뿐이다.

리더의 진정한 능력은 위기 속에서 검증된다. 순풍을 받으며 잔잔한 바다를 항해하는 건 누구나 할 수 있는 일이다. 폭풍우가 거세게 몰아치고 집채만 한 파도가 밀려오는 험한 바다를 항해할 때에야 선원들은 자신들의 선장이 탁월한 리더인지, 아니면 겁 많고 나약한 인간에 불과한지를 확인할 수 있다.

이 순간 마윈은 부하 직원들을 방패막이 삼아 뒤로 숨는 대신 쏟아지는 비난의 화살을 감당하며 맨 앞에 서서 자신이 초래한 위기를 수습하는 데 온 힘을 집중한다. 그가 가장 먼저 한 일은 사기가 바닥에 떨어진 직원들을 격려하는 것이었다. 한순간에 회사가 공공의 적이 돼버리면서 알리바바에 대한 비난과 욕설이 들끓자 직원들의 사기가 곤두박질친 것은 당연했다. 사스 확산을 막기 위해 모든 직원이 집에 격리된 것은 물론이고, 타지에서 와서 항저우에 가족이 없는 직원들은 경찰이 문 앞에서 24시간 보초를 서는 시 외곽의 허름한 콘크리트 건물에서 다른 직원들의 가족이 창문으로 넣어주는 음식을 먹으면서 보름이 넘는 시간을 견뎌야만 했다.

마윈이 이메일을 썼던 건 갑작스레 닥쳐온 위기 때문에 힘들어하는 직원들을 위로하고 격려하며, 힘든 상황이지만 모두가 함께 힘을 모아 회사 업무를 정상적으로 해나가자고 설득하기 위해서였다.

지난 며칠 깊은 괴로움 속에서 한 줄기 희망과 감동을 느꼈습니다. 수많은 알리바바 동료들이 여전히 강한 의지와 긍정의 에너지를 잃지 않고 서로를 배려하고 지지하고 있습니다. 지금 우리는 알리바바의 책임과 사명감을 위해 다 함께 힘을 모아 사스에 도전해야 합니다. 모든 불행은 지나가기 마련이고 삶은 계속 이어집니다. 그렇기 때문에 재앙에 맞서는 동시에 변함없이 일에 열정과 에너지를 쏟아야 합니다.

저는 알리바바 젊은이들이 정말 자랑스럽습니다. 여러분과 함께 일하는 것은 저에게 큰 영광입니다. 저는 알리바바 직원의 가족과 친구들이 우리 젊은이들의 도전과 용기에 큰 박수와 격려를 보내주길 바랍니다. 알리바바의 젊은이들은 어떤 두려움 앞에서도 움츠러들거나 도망치지 않는 용기 있는 사람들입니다. 이것이 바로 알리바바 정신입니다. 알리바바 동료들은 모두 알고 있을 것입니다.

그저 글만 쓰고 끝낸 게 아니다. 글은 역전의 발판을 마련하는 첫 단계일 뿐이었다. 진정으로 승리를 거두기 위해선 글을 통해 하나로 모은 구성원들의 힘을 과감한 행동으로 쏟아내야 했다.

직원의 확진 소식이 알려진 뒤 본사 건물이 폐쇄되고 전 직원이 격리 조치에 들어가기 전까지의 짧은 시간 동안 마윈과 그의 동료들은 전 직원이 집에서 일하더라도 알리바바의 모든 업무가 평상시와 똑같이 돌아갈 수 있도록 만반의 준비를 끝내놓았다. 모든 직원이 회사에 있던 업무용 컴퓨터를 집으로 가져간 것은 물론이고, 집에서도 회사에서와 똑같이 일할 수 있도록 전 직원의 집에 초고속 인터넷을 연결하고, 회사에 전화가 걸려 오면 담당 직원의 집 전화로 자동으로 연결되도록 했다.

오늘날에야 그리 대단한 일이 아니라고 여길 수 있겠지만, 인터넷 사용 환경이 제대로 갖춰지지 않았던 2003년 중국에서 하루 이틀 만에 500여 명에 이르는 직원들을 대상으로 이 같은 조치를 완료한다는 건 결코 쉬운 일이 아니었다.

마윈과 그의 동료들의 이 같은 발 빠른 조치 덕분에 알리바바는 회사 역사상 가장 큰 위기를 무사히 이겨내고 다시 빠르게 성장 궤도를 밟아나갈 수 있었다. 사실 사스가 중국을 비롯한 전 세계로 퍼져 나갔던 2003년은 알리바바가 급성장을 이뤄낸 시기이기도 하다. 사스로 인해 사람들이 외부 활동을 줄이면서 전자 상거래 업체인 알리바바를 찾는 수요가 크게 늘었고, 알리바바는 이 시기에 5배이상 성장할 수 있었다. 2020년 코로나19 사태를 겪으며 미국의 아마존닷컴, 한국의 네이버 같은 이커머스ᵉ-ᶜᵒᵐᵐᵉʳᶜᵉ(전자 상거래) 업체들이 급성장을 이뤄내고 있는 양상과도 같다. 만약 창업자 마윈이 갑작스럽게 터진 커다란 위기 앞에서 정신을 차리지 못하거나, 재앙을 불러온 자신의 판단을 자책하며 뒤로 숨어버렸다면 '창업 4년차를 맞은, 직원 평균 연령 26세의 신생 인터넷 기업'은 세상 사람들의 비난과 함께 조용히 사라져버렸을 게 틀림없다.

마윈의 편지에는 눈에 띄는 점이 또 한 가지 있다. 바로 직원들에게 자신이 보낸 이메일을 가족과 친구, 그리고 자신 때문에 피해를 입은 다른 사람들에게 전해달라고 부탁했다는 점이다. 1차적으로는 직원들에게 쓴 편지였지만 마윈은 자신의 편지가 직원들을 넘어 더 많은 이들에게 전달되기를 간절히 원했다. 사죄의 마음을 담은 자신의 편지가 항저우 시민들에게 널리 전달돼 여론이 조금이나마 누그러지기를 바랐기 때문이다. 자신이 큰 잘못을 저질렀지만 한 번만 더 알리바바를 믿고 기회를 달라고 세상 사람들을 설득하기 위해서였다. 최고의 리더는 자신과 직접 연관된 눈앞에 보이는 사람들뿐 아니라 그 너머에 있는 세상 사람 모두를 설득하기 위해 글을 쓴다는 걸 마윈을 통해서도 알 수 있다.

마윈은 2003년 사스 위기처럼 큰 위기가 닥쳤을 때만 동료들과 직원들에게 글을 써서 보냈던 게 아니다. 다른 탁월한 리더들과 마찬가지로 그는 글을 회사를 운영해나가는 일상적인 경영 도구로 활용했다. 회사의 혁신을 위해 중대한 결정을 내리고 실천에 옮기기 전 그는 반드시 글을 써서 직원들에게 그 같은 결정을 내린 배경과 이유, 혁신을 통해 회사가 나아가고자 하는 목적지를 명확하게 설명했다. 전투를 앞두고 지휘관이 병사들 앞에서 작전 목표를 설명하는 브리핑을 하는 것과 정확히 같은 이유다. 마윈에게 글은 왜 지금 우리가 행동에 나서야 하는지 조직 구성원에게 설명하는 최고의 브리핑 도구였다.

자신이 무엇을 위해 일하는지 모르는 사람, 일의 목표를 모르는 사람은 절대로 스스로 생각해 행동할 수 없다. 그저 남이 시키는 대로만 일하며, 누군가가 자신에게 명령과 지시를 내려주기만을 하염없이 기다릴 뿐이다. 이런 수동적인 사람들로 가득 찬 조직은 결코 앞으로 나아갈 수 없다. 시간이 지날수록 쇠락할 뿐이다. 반대로 일단 목표가 무엇인지 정확히 알면 사람들은 이를 달성하는 방법을 스스로 찾아낸다. 이렇게 능동적인 사람들로 구성된 조직만이 어떤 어려움도 이겨내고 계속해서 전진할 수 있다. 목표, 그리고 업무의 배경과 맥락을 아는 사람만이 스스로의 힘으로 생각하고 행동할 수 있다. 자신의 의도와 조직의 목표를 전달하고 이를 통해 조직원들이 스스로 행동에 나서게 만드는 것이야말로 최고의 리더들이 글을 쓰는 이유다.

설득의 가장 강력한 근거는
당신의 삶이다

최고의 리더들은 사람들을 설득해 힘을 하나로 모으고, 조직 구성원 모두가 하나의 목표를 향해 움직이도록 만들기 위해 글을 쓴다. 최고의 리더라면 누구나 자신의 뜻을 행동으로 옮기기 전에 먼저 글을 통해 자신이 그 같은 결정을 내린 이유를 설명하고, 새로운 정책이 앞으로 조직을 어떻게 바꿔나갈지 안내한다.

그 이유는 간단하다. 사람들에게 헌신을 요구하기 전에 자신이 사람들의 노력을 헛되이 만들지 않을 것임을 증명하는 것이 리더의 역할이기 때문이다. 사람들에게 지시하기 전에 그들이 무엇을 위해 노력해야 하는지 명확히 일깨워주는 것이야말로 리더에게 부여된 가장 큰 책무다. "왜 지금 이 일을 해야만 하는가?"라는 구성원들의 질문에 정확하게 답하지 못하는 리더는 리더가 아닌 그저 명령 전달자나 보스에 불과하다.

사람들을 설득하기 위해 글을 쓴 또 다른 리더를 만나보자. 지금 여기서 이 인물을 다루는 건 그가 자신이 이끄는 조직에 속한 사람들을 설득하는 것을 넘어, 세상을 설득하기 위해 글을 썼기 때문이다. 다음 세대가 자신의 어깨를 디딤돌 삼아 더 높은 정상에 이르기를 바라는 간절한 소망이 그로 하여금 글을 쓰게 만들었다.

토크쇼의 여왕 오프라 윈프리의 이름을 처음 들어보는 독자는 그리 많지 않을 것이다. 윈프리는 세상에서 가장 부유한 흑인 여성이자 오늘날을 사는 그 누구보다 말로써 큰 성공을 거둔 인물이기도 하다.

10대의 나이에 라디오방송국 디제이로 방송 일을 시작한 그는 서른 살이던 1984년 시카고 지역 방송사인 WLS-TV의 아침 토크쇼 〈에이엠 시카고AM Chicago〉의 진행을 맡게 된다. 이 자리에 오르기까지가 순탄하기만 했던 건 아니다. 지역 뉴스 프로그램의 앵커로 일하던 시절, 감정을 실어 뉴스를 전달했다는 이유로 8개월 만에 해고를 당하는 등 그 전까지 그의 커리어는 크고 작은 실패의 경험이 가득했다.

〈에이엠 시카고〉 진행자 자리도 그리 좋은 기회는 아니었다. 바닥을 기는 시청률 탓에 얼마 뒤면 폐지될 게 뻔한 프로그램이었다.

당시 오프라 윈프리의 처지는 패전 처리를 위해 등판하는 불펜 투수와 다르지 않았다. 그러나 오프라 윈프리가 투입된 지 한 달 만에 이 프로그램은 시카고 지역 동 시간대 시청률 1위 프로그램이된다. 2년 뒤인 1986년에는 프로그램 이름을 〈오프라 윈프리 쇼〉로바꿔 미국 전역의 시청자들을 찾아갔고, 이후 25년간 방영됐다. 그를 토크쇼의 여왕으로 등극시킨 〈오프라 윈프리 쇼〉는 이렇게 시작됐다.

대부분의 한국인들이 오프라 윈프리를 유명 토크쇼 진행자로만 알고 있지만 사실 그는 미디어 대기업의 창업자다. 〈오프라 윈프리 쇼〉가 크게 인기를 끌기 시작하자 곧바로 케이블 TV 프로그램을 제작하고 잡지를 출판하는, 이후에는 온라인 미디어까지 운영하는 하포프로덕션을 설립했다. 자신의 이름을 딴 케이블방송국 OWN Oprah Winfrey Network도 소유하고 있다. 그는 인기 방송인으로 남는데 만족하지 않고 직접 사업체를 창업해 경영함으로써 엄청난 부호가 될 수 있었다. 자신의 명성을 돈으로 바꿔낸 비즈니스 감각과 경영 능력이야말로 그를 3조 원(2018년 〈포브스〉 기준 26억 달러)의 재산을 가진 세계적인 부호로 만든 비결이다.

그는 토크쇼의 여왕이자 비즈니스의 여왕, 그리고 기부의 여왕이기도 하다. 2008년과 2009년에 각각 5,830만 달러와 5,020만 달러를 기부하는 등 다른 사람들을 돕기 위해 지금껏 수천억 원을 기부했다. 오직 스스로의 힘으로 거대한 기업을 일궈 막대한 부를 쌓은데다 이렇게 번 돈을 아낌없이 기부하는 그를 최고의 리더라고 부르는 건 당연하다.

부와 명예, 영향력, 세상 사람들의 존경과 애정 등 모든 것을 다 가진 것처럼 보이는 최고의 리더 오프라 윈프리이지만 그 역시 자신에게 닥친 중대한 결정을 앞두고 고민하고 망설이는 건 여느 사람들과 다르지 않았다. 그러나 최고의 리더와 평범한 사람들을 가르는 유일한 기준은 일단 문제를 해결할 수 있는 해법을 찾아냈다고 생각될 때 이를 실천으로 옮기느냐 그러지 못하느냐다. 오직 이것이 최고와 평범함을 가르는 기준이다.

2003년 5월, 인생의 방향을 바꾸게 될 일생일대의 선택 앞에서 오프라 윈프리 역시 다른 사람들과 마찬가지로 방향을 잃고 헤맸다. 옳고 그름의 기준으로 판단할 수 없는 문제였으며, 어떤 결정을 내리느냐에 따라 앞으로 펼쳐질 그의 인생에 커다란 영향을 끼치는 선택이었기 때문이다. 그는 〈오프라 윈프리 쇼〉의 막을 내릴 것인가, 말 것인가를 두고 고민에 휩싸였다. 〈에이엠 시카고〉 시절까지 포함하면 벌써 20년째 진행해온 쇼였다. 20년간 매번 새로운 사람들과 만나 이야기를 나누는 동안 가진 것 없던 한 무명의 방송인은 세계 최고의 유명 인사이자 세계적인 부호가 돼 있었다. 〈오프라 윈프리 쇼〉가 없었다면 결코 이룰 수 없었을 결과였다. 그에게 〈오프라 윈프리 쇼〉는 무엇과도 바꿀 수 없는, 자기 자신 그 자체였다.

인기가 떨어져서 그만두려 한 건 아니었다. 그의 쇼는 여전히 전 세계에서 수천만 명이 시청하는 최고의 인기 프로그램이었다. 하지만 그는 지금이야말로 그만둬야 할 때라고 생각했다. 높이 솟구쳐 정점에 달한 순간이야말로 무대에서 내려오기에 가장 좋은 순간이라고 생각한 것이다.

쇼가 12년째에 들어섰을 때 나는 이제 그만 막을 내릴까 생각하고 있었다. 파티에 너무 늦게까지 머무는 아가씨가 되고 싶지는 않았다. 박수 칠 때 떠나지 않았다간 때를 놓칠 수도 있다는 생각에 겁이 났다.

그러다가 나는 영화 〈비러브드Beloved〉를 찍었다. 새로 찾은 자유를 맛보는 해방된 노예에 관한 영화였다. 영화에서 내가 맡은 역할은 일을 바라보는 나의 관점을 바꾸어놓았다. 나의 조상들은 상상조차 할 수 없었던 기회를 내가 얻었는데 어떻게 감히 피곤해하며 〈오프라 쇼〉를 그만둘 생각을 하겠는가. 나는 계약을 4년 더 연장했다. 그리고 2년 더 연장했다.

드디어 20주년이 다가왔고, 나는 그날이 〈오프라 쇼〉의 마침표를 찍을 시점이라고 거의 확신했다. 매티 스테파넥에게 이메일이 온 것이 바로 그때였다.

이때 오프라 윈프리에게 열두 살 소년이 쓴 메일이 한 통 도착한다. 이 편지야말로 오프라 윈프리가 그동안의 기나긴 고민에 종지부를 찍는 결정을 내릴 수 있도록 하는 힘이 됐다. 한 편의 글이 지닌 설득의 힘을 그가 온몸으로 느꼈던 순간이다.

매티 스테파넥은 그 전에 〈오프라 쇼〉에 게스트로 나왔던 소년으로, 근육이 점점 힘을 잃어가다가 결국 죽음을 맞게 되는 희귀 질환을 앓고 있었다. 소년은 고통스러운 병에 시달리고 있었지만 늘 밝은 웃음을 잃지 않았다. 방송에 출연해서 사람들에게 자신이 직접 쓴 시를 읽어주었던 이 소년은 방송 이후 오프라와 친구가 돼 자주 메일을 주고받았다.

매티가 오프라 윈프리에게 메일을 보낸 건 그가 20주년 기념 방송을 마지막으로 〈오프라 쇼〉를 마치려 한다는 소식을 들었기 때문이었다. 소년은 방송을 그만두려 하는 오프라 윈프리를 설득했다. 그의 쇼에 출연해 수많은 사람의 진심 어린 응원을 받음으로써 병과 맞서 싸울 수 있는 더 큰 용기를 얻었던 이 소년은 아직은 쇼가 막을 내릴 때가 아니라고 생각했다. 〈오프라 쇼〉가 계속해서 이어져 자신과 같은 상황에 있는 사람들에게 계속 용기를 줄 수 있기를 소망했다. 열두 살의 어린 소년이었지만 오프라 윈프리의 말과 따뜻한 포옹이 얼마나 많은 사람들에게 감동을 주고, 얼마나 많은 사람들을 일으켜 세워 다시 나아갈 수 있는 용기를 선사했는지 알고 있었다.

선생님은 이미 너무나 많은 측면에서 역사적인 인물이에요. 멋지고 아름다운 일을 많이 하셨어요. 이왕 그렇게 된 김에 역사에 더 큰 발자취를 남겨보는 건 어떠세요? 〈오프라 쇼〉에는 대단한 존엄성이 있어요. 그런 쇼로 사반세기 동안 정말 많은 사람에게 감동을 주고 영감을 불러일으키는 거예요! 생각할 시간을 좀 드릴

게요.

그리고 이것도 제 의견에 불과하지만, 저는 때때로 이런저런 것에 대해서 감이 올 때가 있는데 이 일에 관해서도 감을 느꼈어요. 〈오프라 쇼〉를 더 오래 하신다면 세상을 위해서도 좋고, 선생님을 위해서도 좋을 거 같아요. 저는 선생님을 사랑해요. 선생님도 저를 사랑하시죠?

〈오프라 쇼〉는 매티가 이메일을 보낸 이후로 8년간 더 이어져 2011년에 막을 내린다. 첫 방송이 나간 지 25년 만이었다. 그동안 모두 4,561편의 방송이 전파를 탔고, 145개국의 시청자들이 그의 방송을 보며 울고 웃었다.

2011년 5월 25일 방영된 마지막 방송에서 오프라 윈프리는 분홍색 원피스 차림으로 무대에 올랐다. 역사적인 이날 방송의 게스트는 누구였을까? 무대 중앙에는 의자가 단 하나만 놓여 있었다. 25년 동안 1만 명이 넘는 게스트가 다녀간 〈오프라 쇼〉의 마지막 게스트는 오프라 윈프리, 그 자신이었다.

평소와는 달리 화려한 음악과 조명 없이 무대 위에 오른 오프라 윈프리의 뒤쪽 화면에서는 1986년 9월 8일 방송된 〈오프라 쇼〉의 1회 장면이 흘러나왔다. 두툼한 황색 모피 코트를 입고, 구불구불한 파마머리를 한 오프라 윈프리의 모습이 나오자 방청객들 사이에선 폭소가 터져 나왔다. 오프라 윈프리 역시 함께 웃었다.

"저 때 나에게는 경험도, 스타일리스트도, 분장사도 없었어요. 내가 가진 거라곤 오직 아줌마 파마 컬과 촌스러운 모피 코트였죠."

방청석을 가득 채운 404명의 청중은 〈오프라 쇼〉 최종회 방청을 신청한 140만 명 중에서 선발된 이들이었다. 25년간 이어온 길고 긴 여정을 마무리하는 그 순간에 함께하길 원했던 사람만 140만 명이 넘었다. 마지막 무대에 404명의 방청객을 초대한 건 '404'가 인터넷상에서 '더 이상 존재하지 않는 웹 페이지'를 의미하기 때문이다.

안타깝게도 〈오프라 쇼〉의 25주년 방송을 가능하게 만들어준 숨은 주인공 매티 스테파넥의 모습은 이날 보이지 않았다. 메일을 보내고 1년 뒤 세상을 떠나지 않았더라면 매티 역시 그 자리에서 오프라 윈프리의 새로운 출발을 응원했을 게 분명하다. 이 소년이 "역사에 더 큰 발자취를 남겨보는 건 어떠냐"며 오프라 윈프리를 설득하지 않았다면 쇼의 막은 훨씬 더 일찍 내려졌을 것이다.

최고의 리더들이 다른 이들을 설득하기 위해 컴퓨터 앞에 앉아 키보드를 누르고, 종이 위에 한 글자씩 써 내려가는 건 그들 역시 누군가가 쓴 글을 읽고 인생의 방향을 바꿨던 경험이 있기 때문이다. 한 사람이 쓴 글이 시대와 장소를 뛰어넘어 얼마나 많은 사람들의 삶에 강렬한 영향을 끼쳤는지 직접 경험한 그들이기에 글을 써서 사람들에게 자기 생각을 전하는 걸 망설이지 않는다.

오프라 윈프리도 그랬다. 그는 부부 사이가 아니었던 젊은 남녀의 단 한 번의 동침으로 태어난, 아무도 원치 않은 아이였다. 그의 어머니는 그가 세상에 나오는 순간까지도 임신 사실을 숨겼다. 그 누구의 축복도 받지 못한 채 태어난 그는 어린 시절을 미시시피주의 외딴 시골 마을에서 치매에 걸린 외할아버지와 그런 남편을 돌보느라 지친 외할머니와 함께 지내야 했다. 외로운 소녀에게 책은 유일한 친구였다.

인근에 어린아이라고는 나뿐이어서 나는 혼자 노는 법을 배워야 했다. 그래서 홀로 지내는 여러 가지 방법을 궁리해냈다. 나는 책을 읽고 집에서 만든 인형을 가지고 놀거나 집안일을 했다. 가끔은 농장에서 기르는 가축들에게 이름을 붙이고 말을 걸기도 했다.

궁벽한 시골 마을에서 홀로 지내야 했던 소녀에게 책은 더 넓은 세상과 만날 수 있는 유일한 통로였다. 《왕자와 거지》를 읽으면서는 답답한 궁궐을 뛰쳐나와 사람들이 살아가는 진짜 세상을 만나려 했던 왕자의 모습에 자신을 이입하고, 《15소년 표류기》의 책장을 넘기면서는 친구들과 함께 사람들이 살지 않는 외딴섬에서 모험을 펼치는 자신의 모습을 상상하지 않았을까? 《돌리틀 선생 항해기》나 《80일간의 세계 일주》와 같은 동화를 읽으면서는 전 세계 방방곡곡을 누비며 이국적인 풍경의 낯선 길거리를 걷는 자신의 모습을 머릿속에 떠올리고, 《엄마 찾아 3만 리》를 읽으면서는 어딘가 저 먼 곳에서 자신을 간절히 기다리고 있을 진짜 부모를 찾아 떠나는 모습을 상상했을지도 모른다.

책은 그에게 단순히 현실의 외로움을 잊기 위한 도피처가 아니었다. 읽을 수 있는 것이라면 뭐든지 손에 잡히는 대로 구해서 소리

내어 읽던 습관, 특히 누구 앞에서든 시를 낭송하던 습관이야말로 그에게 방송계로 진출하는 문을 열어줬다.

고등학생이던 열여섯 살에 그는 미국 내슈빌에 있는 WVOL 라디오방송국에 디제이로 고용된다. 학교에서 견학하러 간 방송국에서 한 라디오 디제이가 그에게 녹음된 목소리가 어떻게 들리는지 한번 테이프에 녹음해 들어보라고 권했고, 오프라 윈프리는 태어나서 처음으로 마이크를 앞에 두고 이야기한다. 그의 목소리를 들은 라디오 디제이는 자리에서 벌떡 일어나 "이 아이 목소리는 꼭 들어봐야 해요!"라고 자신의 상사에게 외친다. 여왕의 전설이 시작되는 순간이었다. 부와 명성을 모두 손에 넣은 오늘날에도 그는 "내가 하루 종일 열심히 일하는 것은 책 읽을 시간을 마련하기 위해서"라고 말한다.

한때 책은 내게 일종의 탈출구 역할을 했다. 지금의 내게 좋은 책을 읽는다는 것은 성스러운 즐거움이며, 내가 원하는 곳이라면 그 어디라도 갈 기회와 다름없다. 독서는 내가 제일 좋아하는 시간 사용법이다. 독서가 우리의 존재를 열어준다는 것을 나는 확실히 안다. 독서는 우리가 자신을 드러내며, 우리의 정신이 흡수할 수 있는 모든 것에 접근할 방법을 선사한다. (중략) 무엇보다 내가 독서를 가장 사랑하는 이유는, 책 읽기를 통해 더 높은 곳으로 향할 수 있는 능력을 얻을 수 있기 때문이다. 독서는 우리가 계속 위로 올라갈 수 있는 디딤돌이 되어준다.

세상을 향해 글을 쓰기 훨씬 이전부터 오프라 윈프리는 스스로의 내면을 향해 글을 써왔다. 하루 동안 있었던 일들을 정리하고, 생각과 감정을 기록으로 남겼다. 자신을 기쁘게 만들었던 순간들도 하루에 다섯 개씩 꾸준히 기록했다. 시원한 바람을 맞으며 해안을 따라 달린 일, 벤치에 앉아서 먹은 차갑고 달콤한 멜론의 맛, 오랜 시간 동안 친한 친구와 나눈 수다 등과 같이 사소하지만 삶에 행복을 더해주는 순간들에 대한 감사 일기였다.

이처럼 다른 사람들을 위해서가 아니라 자기 스스로를 위해 혼자만의 글을 쓰던 그가 세상을 향해 글을 쓰기 시작한 건 언제부터였을까? 그가 글을 통해 "넘어질 순 있지만 계속 쓰러져 있어서는 안 된다"고 세상 사람들에게 말하기로 결심한 이유는 무엇이었을까?

오프라 윈프리의 어린 시절은 외롭고 고달팠다. 하지만 그런 유년기마저도 그가 10대 시절에 겪은 끔찍했던 일들에 비한다면 행복했던 시간이었다. 열 살부터 열네 살까지 그녀는 친척 남성들에게 반복적으로 성적인 학대를 당했다. 열네 살이던 1968년에는 성폭행으로 임신한 아이를 출산했다. 아기는 얼마 살지 못하고 세상을 떠났다. 이 같은 경험은 어느 누구에게도 말할 수 없는 상처가 돼 오프라 윈프리의 가슴 한구석에 자리 잡았다. 가까스로 엄청난 용기를 내 어린 시절에 학대를 당했던 일을 공개했을 때도 아이를 출산했었다는 사실만큼은 끝끝내 말하지 않았다.

그리고 어느 날, 한 타블로이드 신문에 그의 상처를 다룬 기사가 실린다. 오프라 윈프리의 친척이 타블로이드 신문에 비밀을 폭로했던 것이다. "이 사실을 알게 되면 누구도 나를 좋아하지 않을 거야. 세상 사람 모두가 나를 손가락질하며 욕할 거야"라고 되뇌며 수십 년간 홀로 떨었던 그의 공포가 현실로 다가왔다. 그가 할 수 있는 일이라곤 깜깜한 침실 안 침대에 파묻혀 우는 일밖에 없었다. 그리고 다음 날 여느 때처럼 〈오프라 쇼〉 녹화를 위해 출근해야 하는 아침이 찾아왔다.

> 월요일 아침이 왔고, 나는 누군가에게 흠씬 얻어맞은 것 같은 기분으로 가까스로 침대에서 기어 나와 출근길에 나섰다. 무서웠다. 거리에서 마주치는 모든 사람이 내게 손가락질을 하며 '열네 살에 애를 배다니, 세상에! 너는 이제 끝장이야!'라고 당장에라도 고함을 칠 것 같았다.

> 하지만 아무도 뭐라 하지 않았다. 내가 모르는 사람들도, 내가 아는 사람들도, 그 어느 누구도, 아무도. 너무나 놀라웠다. 전과 다르게 나를 대하는 사람은 아무도 없었다. 수십 년 동안 머릿속으로 상상해왔던 그런 일은 일어나지 않았다.

다행히도 오프라 윈프리는 주변 사람들의 진심 어린 보살핌과 이름도 모르는 수많은 사람의 따뜻한 응원 덕분에 절망의 시간을 이겨내고 다시금 일상으로 돌아올 수 있었다. 그리고 이 경험을 통해 그동안 미처 몰랐던 사실들을 깨닫는다. 아무리 상황이 끔찍하게 느껴지더라도 현실은 머릿속에 그렸던 것만큼 나쁘지는 않다는 것을, 두려움의 대상이 아니라 두려움이라는 감정 자체가 삶을 옭아맨다는 것을, 타인이 나에게 입힌 상처가 아니라 오직 나의 힘으로 이뤄낸 것들이 나의 인생을 결정한다는 것을 말이다.

이렇게 얻은 깨달음이야말로 오프라 윈프리가 세상 사람들을 설득하기 위한 글쓰기에 나서는 계기가 됐다. 평생 자신을 옭아매던 두려움과 공포, 슬픔에서 해방됐던 경험이 그로 하여금 글을 쓰도록 만들었다.

볼티모어 지역 방송사의 이름 없는 기자였던 시절, 가난 때문에 혹독한 겨울을 보내고 있는 젊은 어머니와 그녀의 아이들을 취재한 뒤 그들을 백화점으로 데리고 가 겨울 코트를 한 벌씩 사줬던 오프라 윈프리에게 남을 돕는다는 건 무엇보다도 기쁜 일이었다. 그리고 그는 자신의 경험이 얼마나 많은 사람들을 절망과 좌절, 공포와 두려움에서 구해낼 수 있을지 알고 있었다. 그래서 그는 글을 썼다. 결코 두려움의 노예로 살아선 안 된다고, 남이 나를 일으켜 세워줄 거라 생각하고 계속 쓰려져 있어선 안 된다고, 다시 일어나 원하는 것을 위해 달리라고 세상 사람들에게 말하기 위해 글을 썼다.

최고의 리더들은 사람들을 설득하기 위해 최고의 근거를 든다. 그리고 그들에게 최고의 근거는 바로 자신이 걸어온 삶의 모습이다. 오프라 윈프리도 그랬다. 그리고 수많은 사람이 그가 걸어온 인생을 보며 다시 시작할 용기를 얻을 수 있었다.

1997년 오프라 윈프리의 첫 책 《오프라 윈프리의 특별한 지혜 The

Uncommon Wiscom of Oprah Winfrey》가 출간된 이후 그는 14년 동안 매달 칼럼을 통해 독자들과 만났다. 《내가 확실히 아는 것들What I Know for Sure》은 제목 그대로 오프라 윈프리가 살면서 깨달은 지혜와 교훈을 그만의 따뜻하고 잔잔한 문체로 사람들에게 전한 칼럼들을 모아 엮은 것이다. 누군가에게 강요하지 않고 자기 생각을 받아들이게 하려면 이 정도의 꾸준함과 시간이 필요하다는 걸 오프라 윈프리는 잘 알고 있었다. 그가 이 기간 동안 글을 쓰면서 사람들에게 꼭 전달하고 싶었던 '멋진 진실'은 다음 문장들에 담겨 있다.

용기란 우리가 목표에 이르렀는가로 가늠되지 않는다. 숱하게 실패를 했더라도 그에 아랑곳없이 다시 두 발을 딛고 일어서기로 했는지가 용기를 가늠하는 진정한 기준이다.

우리가 다시 일어나 자신이 품은 가장 멋진 꿈을 추구할 용기를 낸다면 삶의 가장 진한 보상을 받고 가장 흥미진진한 모험을 즐길 수 있게 된다는 걸 나는 확실히 알고 있다. 쉽지만은 않겠지만 말이다.

당신이 지금 어디에 있더라도 새로운 시작은 아주 가까이에 있다. 단 하나의 선택, 즉 다시 일어나겠다는 선택만 한다면 당신은 바로 새롭게 시작할 수 있다. 새로운 시작은 그렇게 당신 곁에 가까이 있다. 정말 멋진 진실이 아닌가?

최고의 리더는 사람들을 설득하고 조직을 이끌기 위해 글을 쓴다. 자기가 무엇을 하는지 사람들에게 이해시키고 그들의 지지를 얻기 위해 글을 쓴다. 그리고 더 나아가 세상을 설득하기 위해 글을 쓴다. 리더의 글이야말로 시간과 공간을 뛰어넘어 사람들의 마음을 얻는 최고의 수단이다.

커뮤니케이션이야말로 가장 어려운 일이다

최고의 리더들은 설득을 위한 글을 쓸 때 단계별 접근 방식을 많이 활용한다. 이유는 간단하다. 직접 경험하지 않은 상황과 문제를 100퍼센트 온전히 공감하고 이해할 수 있는 사람은 거의 없기 때문이다. 사람은 저마다의 경험을 바탕으로 다른 이의 메시지를 받아들이고 해석한다. 아무리 논리 정연하고 조리 있게 말한다고 해도 모든 메시지는 전달 과정에서 일정 부분 손실되고 휘발될 수밖에 없다. 말하는 이와 듣는 이가 서로 다른 환경에서, 서로 다른 경험을 하며, 서로 다르게 생각하며 살아온, 서로 다른 존재이기 때문이다.

"커뮤니케이션에 문제가 있었어." 일이 생각대로 풀리지 않았을 때 흔히 하는 말이다. 이 말에는 커뮤니케이션, 즉 의사소통만 조금 더 잘되면 일을 원하는 대로 끌고 갈 수 있을 것이라는 뜻이 담겨 있다. 조금만 더 신경 써서 노력하면 서로 상대편 마음을 이해하는 데 큰 문제가 없을 것이라는 뉘앙스가 담겨 있다.

하지만 본래 다른 이에게 내 생각을 전달하고 상대편의 생각을 받아들이는 일, 즉 커뮤니케이션이야말로 가장 어려운 일이다. 상대편에게 내 생각과 진심을 전하는 일이 쉽다면 그토록 많은 사람들이 불완전한 의사소통 때문에 일이 점점 꼬이는 걸 보며 골머리를 썩일 이유가 없다.

최고의 리더들은 이 같은 사실을 누구보다 잘 알고 있다. 자신이 최대한 쉽게 풀어서 설명한다고 하더라도 다른 이들이 자기 생각과 경험을 완벽하게 흡수할 수 있다고 기대해서는 안 된다는 사실을 말이다. 그렇기에 최고의 리더들은 단순히 어려운 어휘 대신 쉬운 단어와 표현을 사용하는 것 이상의 장치들을 글에 도입한다.

그들은 기업을 경영해보지 않은 대부분의 독자, 회사를 경영한다 해도 각각 전혀 다른 환경에서 전혀 다른 회사를 이끌고 있는 사람들이 간략한 설명만 듣고 완벽하게 이해할 수 있다고 생각하지 않는다. 그래서 그들은 자신이 겪었던 연속적인 경험을 하나하나 해체해서 일의 진행 단계에 따라 넓게 펼쳐놓는다. 그런 뒤 단계마다 무엇이 자신을 두렵게 만들었고, 자신이 어떻게 행동했는지, 그런 행동이 불러온 결과는 어땠는지 세세하게 설명한다. 이렇게 한다고 하더라도 자기 생각과 경험, 자신이 깨우친 교훈을 완벽하게 전달하지는 못하겠지만, 일의 진행 단계를 구분하지 않고 흐르듯이 말할 때보다는 전달과 설득의 효과가 훨씬 더 크기 때문이다.

자신의 머릿속 생각을 한 방울의 손실도 없이 온전히 독자들에게 전달하기 위해 온갖 기법을 동원해 노력하는 리더들의 모습은 불가능한 목표에 도전함으로써 조금씩 성과와 효율을 개선해나가는 과학자들의 모습과 같다.

가솔린 자동차는 애초에 휘발유가 가지고 있는 에너지의 19퍼센트가량밖에 활용하지 못한다. 연료 통에 담긴 휘발유의 화학에너지가 엔진을 거쳐 바퀴를 굴리는 동력에너지로 변환되는 과정에서 전체 에너지의 81퍼센트는 날아가고 오직 19퍼센트만 남아 유용하게 쓰인다는 말이다. 석탄 화력발전소의 경우엔 애초 석탄이 가지고 있는 화학에너지의 38퍼센트만 전기에너지로 변환된다. 에너지가 다른 형태로 변환될 때마다 일정량의 에너지는 이렇게 반드시 소실된다. 물리학에서 말하는 열역학법칙에 따라 다른 형태의 에너지로 변환될 때 기존에 가지고 있던 에너지를 100퍼센트 유지하는 건 불가능하다. 고등학교 물리 교과서만 읽어도 누구나 알 수 있는 사실이다.

과학자들은 에너지를 100퍼센트 온전하게 다른 형태로 변환시키는 건 불가능한 일이라는 사실을 알면서도 에너지 효율을 최대한 높이기 위해 끊임없이 노력한다. 단 1퍼센트, 아니 0.1퍼센트만이라도 에너지 효율을 높일 수 있다면 세계적으로 엄청난 변화를 불러올 수 있기 때문이다. 그래서 계속해서 연구하고, 실험하고, 발명한다.

최고의 리더들 역시 마찬가지다. 그들은 자기 생각이 글의 형태로 변환되고, 읽는 이의 경험과 사고관이라는 필터를 통과하는 과정에서 자신이 전달하려고 했던 메시지가 일정 부분 소실되는 건 필연이라고 이해한다. 하지만 그럼에도 그들은 자기 생각을 전하는 일을 포기하지 않는다. 대신 그들은 자신의 메시지를 최대한 잘 전달하기 위해 메시지 전달의 효율성을 극한까지 높이는 방법을 끊임없이 고민하고 적용한다.

다른 사람들에게 자신이 경험을 통해 배운 교훈을 전하고, 이로써 사람들이 더 나은 선택을 하도록 설득하고 돕고 싶은 사람이라면 반드시 배워야만 하는 자세다. 공감과 소통, 모두가 입을 모아 강조하고 일상에서도 흔히 사용하는 단어들이기에 누구나 조금만 노력하면 쉽게 이뤄낼 수 있으리라 생각한다. 하지만 누군가의 경험에 진정으로 공감하고, 아무 장애물 없이 타인과 생각과 감정을 소통하는 일만큼 어려운 것도 세상에 없다. 공감과 소통이야말로 갖추기 가장 힘든 가치들이다.

그렇기에 최고의 리더일수록 자신의 권위에 기대 일방향으로 말을 쏟아내는 대신 어떻게 하면 자신의 말을 조금이라도 더 이해하기 쉽게 전달할 수 있는지를 고민한다. 최고의 리더들은 비즈니스를 이끌 때뿐만이 아니라 글을 쓸 때도 생산자의 관점이 아닌 소비자의 관점에서 생각하고 고민한다. 그들을 최고의 자리로 이끈 가장 큰 공통점이다.

2장

판단력

판단을 내리기 위해 쓴다

Writing for Leaders

판단력:

판단을 내리기 위해 쓴다

최고의 리더는 자신만의 판단 기준을 만들고 이를 사람들과 공유하기 위해 글을 쓴다. 어떤 상황에서든 허둥대지 않고 효율적이고 올바른 판단을 내리기 위해 글을 쓴다.

인생은 끝없는 선택의 연속이다. 작게는 아침에 일어나 어떤 옷을 입고 출근할지, 점심으로 무엇을 먹을지 정하는 일부터 크게는 이 사람과 결혼을 할지 말지, 회사를 그만두고 창업을 할지 말지, 어떤 아이템으로 사업을 할지 결정하는 일에 이르기까지 인생의 모든 순간은 크고 작은 선택들로 채워져 있다. 지금의 나는 그동안 살면서 내가 내렸던 수많은 선택들의 결과물이다.

선택의 순간이 찾아올 때마다 난생처음 마주하는 문제인 것처럼 모든 걸 일일이 다시 따져봐야 한다면 어떤 일이 벌어질까? 그동안의 경험에서 아무것도 배우지 못한 채 모든 걸 다시 처음부터 생각해야 한다면 말이다. 그때그때의 상황과 기분에 따라 판단을 내리게 되면서 일관성 없는 결정들이 이어질 수밖에 없다. 과거의 경험에서 아무런 교훈을 얻지 못한 탓에 계속해서 똑같은 실수를 반복하게 된다.

원칙과 기준 없이 산다는 건 자기 삶에 대한 통제권을 내려놓은 채 그저 흘러가는 대로 살겠다는 것과 같다. 스스로 자기 인생의 키를 잡고 어디로 나아갈지 정하는 게 아니라 그저 흐르는 강물에 몸을 맡긴 채 흘러가는 대로 어디든 가겠다는 것과 같다. 이렇게 해서는 자신이 원하는 삶을 살 수 없는 게 당연하다.

최고의 리더들은 자기 인생에 대한 주도권을 쥐기 위해 글로써 자신만의 판단 기준을 만든다. 인생을 살면서 겪은 많은 경험들을 바탕으로 어떤 상황에서 어떻게 행동하는 게 최선의 방법인지 치열하게 고민하고 다음번에 비슷한 상황을 겪을 때는 망설임 없이 자신의 원칙에 따라 행동한다.

살면서 마주치는 수많은 선택의 순간들을 그 유형에 따라 패턴화하고 각 패턴에 맞는 최적의 해법을 미리 마련해둔다는 말이다. 이런 해법 덕분에 어떤 상황에서든 신속하고 효율적으로 대응할 수 있다.

이번 장에서는 최고의 리더들이 글쓰기를 통해 자신만의 판단 기준을 만들어나가는 과정과 스스로 세운 원칙을 토대로 이뤄낸 탁월한 성과에 대해 살펴보도록 하겠다. 서로 다른 시대, 국가, 산업에서 활동했지만 이들 모두는 글을 통해 자신과 조직의 원칙을 만들어냈고, 자신이 원하는 것을 얻을 수 있었다. 글쓰기는 올바른 판단을 위한 최고의 도구이기 때문이다.

글쓰기 경영의 시작,
판단 기준을 공유하라

먼저 2010년 일본을 뒤흔들었던 한 가지 사건을 알아보자. 지금부터 말할 이야기의 주인공이 어떤 인물인지 가장 명확하게 보여주는 사례이기 때문이다. 2010년 1월 19일 일본 사회는 2차 세계대전 이후 최대 규모의 기업 파산으로 온 나라가 발칵 뒤집혔다. 국적 항공사인 일본항공JAL이 2조 3,221억 엔(2010년 환율 기준 약 28조 5,000억 원)의 빚에 짓눌린 채 무너져 내렸기 때문이다. 공기업 시절부터 수십 년째 누적된 부실 경영의 폐해에다 엔고(일본 엔화의 가치가 급격하게 높아지는 현상)까지 겹치면서 회사가 고꾸라졌다.

전체 직원의 3분의 1에 달하는 1만 6,000명을 내보내고 남은 직원들의 월급도 20~30퍼센트씩 삭감하는 등 강도 높은 구조 조정 방안이 발표됐지만 JAL이 되살아날 수 있을 것으로 생각하는 이들은 많지 않았다. 한때 세계 최대 항공사로 군림했던 회사가 역사의 뒤편으로 사라지는 건 시간문제로 보였다.

JAL이 파산한 지 2주 뒤인 2010년 2월 1일, 일흔여덟 살의 백발 신사가 도쿄 시나가와구에 있는 JAL 본사 1층 로비로 걸어 들어갔다. 평소 "기내식이 맛없고, 서비스도 형편없어서 JAL 비행기는 타지 않는다"고 공개적으로 말해왔던 인물이었다. 그런데 웬일인지 이날만큼은 자택이 있는 교토에서 도쿄로 이동할 때 JAL 비행기를 타고 왔다.

조금 뒤 본사 건물에서 빠져나온 이 백발 신사는 곧바로 하네다 공항에 있는 JAL사무소로 향했다. JAL의 사장을 비롯한 고위 임원들도 그 뒤를 따랐다. 조금 전 있었던 간략한 취임식을 통해 이 일흔여덟 살 노인이 회사의 새로운 회장이 된 것이다.

그는 일본 정부가 JAL을 부활시키려고 삼고초려 끝에 영입한 구원투수였다. 일본 정부는 엄청난 빚을 지고서 산소호흡기에 의지하고 있는 JAL을 되살리는 일은 오직 최고의 경영자만이 할 수 있다고 생각했다. 그래서 하토야마 유키오 당시 일본 총리가 직접 나서 은퇴 이후 한가롭게 여생을 보내고 있던 이 남자에게 JAL의 경영을 맡아달라고 간청했다. 국토교통성 장관 역시 설득을 위해 그를 몇 차례나 찾아갔다.

그에겐 독이 든 성배, 아니 한 입 베어 물면 죽음에 이르는 독사과와 같은 제안이었다. 설사 혼신의 노력으로 JAL을 부활시킨다 해도 그가 얻는 건 아무것도 없었다. 하지만 회사를 되살리는 데 실패한다면 그동안 쌓아왔던 명성이 한순간에 무너질 수 밖에 없었다. 회장직을 맡아달라는 제안은 섶을 지고 불난 집에 뛰어들라는 것과 다르지 않았다. 하지만 그는 이 제안을 받아들인다. 다음 세 가지 이유 때문이었다.

JAL이 이대로 무너진다면 안 그래도 장기 침체를 겪고 있는 일본 경제가 더 큰 위기를 겪을 것이라는 게 첫 번째 이유, 정리 해고 후 남은 3만 2,000명의 직원들과 협력사 직원들의 일자리를 지켜야만 한다는 게 두 번째 이유, JAL이 망해서 일본에 대형 항공사가 한 곳밖에 남지 않게 되면 소비자들의 부담이 커진다는 게 세 번째 이유였다.

그가 난파선의 선장 자리에 오르면서 요구한 조건은 단 하나였다.

"나이가 있어 그리 많은 시간을 할애하진 못할 것입니다. 풀타임으로 근무하기는 힘드나 일주일에 3일 정도라면 가능할 것 같습니다. 임시직이니 급료는 필요 없습니다."

그의 이름은 이나모리 가즈오. 교세라의 창업자이며 '살아 있는 경영의 신'이라 불리는 인물이다. 그가 JAL 회장직에 취임하며 함께 데리고 들어간 부하 직원은 단 세 명이었다. 본래 회사에서 그의 경영 철학을 알리는 일을 하던 직원 두 명과 그의 오랜 비서 한 명. 3만 2,000명이 일하는 회사를 구해내는 데 투입된 인원이 그를 포함해 고작 네 명이었다. 제아무리 '경영의 신'이라도 정말이지 불가능해 보이는 일이었다. 그러나 2년 7개월이 지난 2012년 9월 19

일 JAL은 도쿄 증권거래소에 재상장되며 부활을 알린다.

경영의 신, 철인哲人(철학자) 경영자라는 별명답게 이나모리 가즈오는 자신의 생각을 많은 책을 통해 세상에 전해왔다. 그는 지금껏 모두 44권(공저 포함)의 책을 출간했는데, 그 책들은 2018년 10월 기준으로 전 세계에서 1,500만 부 넘게 판매됐다. 일본에서는 모두 565만 권이 판매됐고 중국에서는 이보다 더 많은 840만 권의 책이 판매됐다. 그의 대표작 《카르마 경영》 한 권만 해도 일본에서는 130만 부, 중국에서는 220만 부 넘게 팔렸다.

이처럼 초대형 베스트셀러 작가이지만 그의 첫 데뷔는 환갑을 얼마 남겨두지 않은 비교적 늦은 나이에 이뤄졌다. 쉰일곱 살이던 1989년에 출간된 《마음을 높이는 경영 스트레칭》(한국어판 《일심일언: 어떻게 일하고 어떻게 살 것인가》)이 바로 그의 첫 책이다. 1989년에 첫 책이 나오고 2018년까지 출간한 도서가 44권에 달했으니 단순히 계산해봐도 30년 동안 매년 한두 권씩 꾸준히 책을 써온 셈이다.

살아 있는 경영의 신, 이나모리 가즈오. 그는 왜 인생의 후반부에 접어들어 책을 쓰기 시작했을까? 또 자기 생각을 글로 써서 전달하는 일에 언제부터 관심을 가졌을까? 이에 대한 답은 2013년 그가 첫 책의 한국어판 서문에 남긴 글에서 확인할 수 있다.

회사가 창립되고 30주년을 맞았을 때 나는 회사 발전의 기반이 된 나의 철학을 차분히 정리해보았다. 애초에는 사내에서만 보는 인쇄물로 발간하려던 생각이었다. 그런데 교세라 직원뿐 아니라 많은 후배 경영인들에게도 이 글을 소개하고 싶다는 출판사의 끈질긴 요청이 있어 책으로 출간하게 되었다.

책을 내기 훨씬 이전부터 그는 교세라 구성원이 갖춰야 하는 마음가짐과 삶의 태도, 철학에 대해 직접 글을 써서 직원들에게 알려왔다. 그가 철인 경영자라는 별명을 얻게 된 것도 이 때문이다.

교세라에서는 그가 쓴 글을 모아 《교세라 철학 수첩》이라는 사내 교육용 교재를 만들었다. 이 책자를 처음 발행한 건 1967년, 회사를 창업한 지 8년째 되는 해였다. 그가 비교적 이른 나이부터 자신만의 철학을 만들어내길 원했음을 알 수 있다.

수첩이라는 말 그대로 주머니에 넣어 가지고 다닐 수 있는 소책자였다. 직원들은 평소 이 책자를 지니고 다니다가 복잡하고 어려운 결정을 내려야 할 때면 책자에 나온 지침을 근거로 판단을 내렸다. 업무와 일상에서 쉽고 편해 보이지만 정직하지 못한 방법을 택하라는 유혹과 마주칠 때마다 직원들이 자기가 쓴 글을 보고 올바른 선택을 내릴 수 있도록 돕는 것이 이나모리가 이 책자를 만든 이유였다.

그의 첫 책 《일심일언》은 《교세라 철학 수첩》의 내용을 토대로 교세라 직원뿐 아니라 누구라도 읽고서 삶에 도움을 받을 수 있도록 그 내용을 다듬고 덧붙여 만든 책이다. 교세라 직원들에게만 적용되는 세부적인 경영 지침 관련 내용은 빼고 대신 이나모리가 그동안 살아오면서 배운 인생의 교훈과 삶의 바람직한 자세를 설명하는 내용을 듬뿍 집어넣었다. 《교세라 철학 수첩》을 뼈대로 한 경영서이자 리더십 서적, 자기 계발서라고 볼 수 있다.

필자는 지금까지 그의 책을 열 권 이상 읽었는데, 이를 통해 이나모리에게는 그만의 글쓰기 스타일이 있다는 것을 발견할 수 있었다. 어려운 표현 대신 쉽고 편한 단어들로 읽기 쉬운 글을 쓴다는 건 다른 최고의 리더들과 같지만 이에 더해 그의 글에는 유독 눈에 띄는 특징이 하나 있다.

바로 결코 남을 가르치려 하지 않는다는 것이다. 자기 생각이 옳으니 무조건 자기 말을 따라야 한다고 강요하는 모습은 눈을 씻고 봐도 찾아볼 수 없다. 대신 그는 그저 보여준다. 자신이 살아오면서 어떤 경험을 통해 무엇을 배울 수 있었는지 담담히 풀어낼 뿐이다. 첫 책 《일심일언》의 짧은 서문에는 그의 이런 특성이 그대로 드러난다.

> 젊을 때에는 부모와 교사, 직장 상사로부터 주의를 받거나 무언가 가르침을 받더라도 반발하기 쉽다. 나도 부모로부터 "젊을 때 고생은 사서도 한다"는 말을 들었을 때, 종종 "젊을 때 고생은 팔아서라도 하지 마라"하고 말을 바꿔치기하며 반발했던 기억이 있다. 반발할 때는 하더라도, 인생의 선배들로부터 들은 이야기들을 머릿속 한편에 잘 보관해두는 것만큼은 잊지 말자. 스스로 인생을 걷기 시작하는 것은 지도도 없는 대양에서 노를 젓기 시작한 것과 같다. 그때 인생의 선배들로부터 배운 것들이 하나의 나침반이 되

어줄 것이다.

이 책을 통해 내가 하는 이야기도 그와 같다. 여러분 중에는 내가 말하고자 하는 이야기에 반발하거나 흥미를 가지지 못하는 이들이 있을지 모른다. 충분히 이해한다. 그러나 여러분이 일을 할 때나 인생을 살아가는 도중에 장애와 맞닥뜨렸을 때, 지금의 이야기를 떠올려주었으면 하는 바람이다.

지금부터 들려주는 이야기는 내가 직장 생활을 하면서 괴로워하고, 인생을 살면서 고민하는 와중에 어렵게 습득한 내용이다. 언젠가는 여러분에게 적지 않은 도움이 될 수 있으리라고 생각한다.

가고시마대학교 화학공학과를 졸업한 그는 직접 제품 연구와 개발을 하며 회사를 키워낸 전형적인 엔지니어 출신 경영자였다. 그가 회사 경영으로 정신없이 바쁜 와중에도 펜을 쥔 이유도 직원들이 자신과 같은 마음으로 회사에서 일해주기를, 자신과 같은 기준으로 사안을 바라보고 판단을 내리기를 원했고, 그러려면 자신의 판단 기준과 원칙을 직원들과 공유해야 한다고 생각했기 때문이다. 직원들을 교육해 회사의 성과를 높이는 게 그가 글쓰기를 시작한 이유였다.

기술력은 자신 있었지만 경영에 대해서는 아무것도 모르는 상태로 회사를 창업했던 이나모리는 회사를 일궈나가며 경영자에게 필요한 능력을 하나하나 몸으로 배울 수밖에 없었다. 사업 초기엔 자신이 직접 제품 연구·개발, 생산, 영업, 인사, 재무 등 회사의 모든 일을 책임지며 회사를 키워갈 수 있었다. 하지만 회사가 어느 정도 자리를 잡고 직원이 수백 명으로 불어나자 그는 이제 자신이 모든 일을 직접 챙길 수 없다는 사실을 깨닫는다.

이때 그가 고민 끝에 찾아낸 해법이 바로 전체 조직을 잘게 쪼개 각 집단의 리더에게 전권을 주는 아메바 경영이었다. 대학에서 경영학을 배운 적도 없었고, 이전 직장에 다닐 때에도 새로운 기술을 개발하는 일에만 집중했지 경영에는 참여한 적 없었던 그였기에 오히려 고정관념에 얽매이지 않은 창의적인 시스템을 생각해낼 수 있었다. 일이 돌아가는 상황을 가장 잘 아는 현장 리더에게 경영 권한을 위임하는 아메바 경영을 도입한 이후 회사의 생산성은 빠른 속도로 향상됐다.

하지만 아메바 경영에도 보이지 않는 약점이 있었다. 전체 회사 조직을 10명 안팎으로 구성된 아메바로 쪼개놓은 덕분에 아메바들이 저마다 서로 다른 판단 기준으로 업무를 처리할 위험성이 있었다. 회사가 성장하고 직원들이 많아질수록 아메바 수도 늘어날 수밖에 없는 구조인데, 아메바마다 서로 다른 기준과 방식으로 일을 처리한다면 회사가 하나의 조직으로서 구심점을 잃고 혼란에 빠질 수밖에 없다. 부분의 효율을 추구하다 전체 조직의 효율이 떨어지는 부작용이 나타날 수 있다는 말이다.

이에 따라 조직 구성원들이 모두 통일된 판단 기준으로 비즈니스에서 마주치는 여러 사안을 해결할 수 있는 시스템이 그 무엇보다도 필요했다. 이를 파악한 이나모리는 교세라 직원이라면 누구든 같은 상황에서 같은 방식으로 행동할 수 있는 일관된 시스템을 만들려 했다. 이를 위해 자신이 그동안 사업을 해오면서 겪은 경험을 바탕으로 판단 기준과 원칙을 만들어냈고, 이를《교세라 철학 수첩》에 담아 직원들에게 전파한다. 철학자 이전에 그는 수만 명의 직원이 일하는 글로벌 기업을 만들어낸 창업자다. 그가 글쓰기에 그토록 많은 노력을 기울인 데는 이 같은 이유가 있었다. 아메바 경영이 효과적으로 힘을 발휘할 수 있었던 밑바탕에는 이나모리의 글쓰기 경영이 자리하고 있다.

리더의 판단 기준을 구성원들에게 공개함으로써 조직의 사고력과 문제 해결 속도를 높이는 건 교세라뿐만이 아니다. 전 세계 주요 기업들은 대부분 회사를 창업했거나 크게 발전시켰던 리더의 사고 방식을 문서화해 조직 구성원들과 공유하고 있다. 한국에선 삼성이 대표적이다.

삼성그룹에는《지행33훈》이라는 경영 지침서가 있다. 이건희 삼성전자 회장이 평소 회사를 경영하면서 말했던 내용을 모아서 33개 키워드로 풀어낸 책이다. 비록 그가 직접 쓴 글은 아니지만 이건희식 사고법의 핵심이 담겨 있는 책이다.

지행知行은 알고 행동한다는 뜻이다. 그는 평소 경영자가 갖춰야 할 자질로 알고知, 행하고行, 사람을 쓰고用, 가르치고訓, 평가하는評 다섯 가지를 꼽았는데, 이 '지·행·용·훈·평'을 줄여서 '지행'이라는 제목을 붙였다. 그룹 임원들에게만 제공되는 책자로, 그 내용을 회사 외부로 유출하는 건 공식적으로 금지돼 있다.

그저 그런 이류 전자 제품을 만들어 팔던 삼성전자를 세계 최고의 기업 중 하나로 만든 이건희의 경영 철학과 그가 어떻게 세상을 바라보고, 무엇을 기준으로 판단을 내리는지 정리한 책이다.

일본의 소프트뱅크그룹 역시 사내 출판 부서에서 손정의 회장의 경영 철학과 그만의 판단 기준, 행동 원칙을 책자로 정리해 임직원들과 공유한다. 이 역시 외부 유출은 금지돼 있다.

이나모리 가즈오가 교세라 철학의 상세한 내용을 처음 일반 대중에게 공개한 건 《교세라 철학 수첩》을 만든 지 21년이 지난 1998년부터다. 그 이전에도 여러 책과 강연을 통해 회사를 경영하며 배운 지혜를 사람들과 공유해왔지만, 대중에게 《교세라 철학 수첩》의 79개 항목 모두를 공개하고 이를 하나하나 설명했던 건 이때가 처음이었다. 그 전에는 교세라 직원들과 그가 만든 경영 학습 모임인 세이와주쿠 수강생들에게만 전해졌다.

그가 1998년 가을부터 2000년 봄까지 모두 16차례에 걸친 강연으로 직접 교세라 철학에 대해 해설한 내용이 《바위를 들어올려라》라는 이름의 책으로 묶여 나오면서 일반 독자들도 비로소 교세라 철학의 전체 모습을 확인할 수 있었다.

평소 자신의 경험과 생각을 전하는 데 누구보다 적극적인 이나모리 가즈오였지만 회사의 구체적인 행동 지침 모두를 외부에 공개하는 데는 꽤 오랜 시간과 그만큼의 고민이 필요했다. 경쟁사 임직원이 자신의 책을 읽고 연구하면 교세라의 전략과 행동 방식이 손쉽게 파악될 수 있다는 우려도 적지 않았을 것이다.

하지만 그는 결국 자신의 철학, 원칙, 판단 기준 전부를 있는 그 대로 공개하기로 결정한다. 회사가 설립된 지 40년이 지나며 해당 분야에서 압도적인 경쟁력을 갖게 됐다는 자신감도 있었고, 회사 직원들과 몇몇 세이와주쿠 수강생뿐 아니라 더 나은 내일을 꿈꾸는 사람 모두를 돕는 게 자신이 사회에 진 빚을 갚는 길이라 생각했기 때문이다. 글을 쓰는 일과 마찬가지로 자기가 쓴 글을 누구나 볼 수 있게 공개하는 일도 스스로에 대한 강한 자신감이 없다면 할 수 없 는 행동이다.

조직 내부 구성원들과 공유했던 자신의 원칙과 판단 기준을 외 부에 공개함으로써 다른 사람들이 올바른 판단을 할 수 있도록 돕 고, 이를 통해 자기 자신과 회사의 명성을 높임으로써 결과적으로 비즈니스에서도 커다란 이익을 거뒀던 건 이나모리 가즈오뿐만이 아 니다.

글이 쌓이면 올바른 판단을 내리는 시스템이 된다

지금부터 매일 아침 썼던 A4 한두 장 분량의 글로 약 21조 원(약 177억 달러)이라는 막대한 부를 일군 한 남자를 만나보자. 본인 스스 로를 "빈털터리에서 부자가 되었고, 평범한 사람에서 유명인이 되 었다"고 말한 이 남자의 첫 번째 성공 비결은 바로 글쓰기다.

그는 사업을 시작한 1970년대부터 오늘날까지 매일 글을 써왔다. 1975년 스물여섯 살의 한 청년이 방 두 개짜리 월셋집에서 회사를 시작한다. 본래 함께 살던 친구가 이사를 가자 그 친구가 쓰던 침실을 사무실로 만들었다. C. W. 포스트대학에서 재무학을 전공한 그는 학부생 시절 베트남전쟁 참전 군인 출신인 나이 많은 친구를 통해 상품 선물거래를 알게 되면서 처음으로 투자에 관심을 갖게 된다. 이후 그는 하버드 경영대학원에 입학해 본격적으로 경제와 금융을 공부한다. 대학원을 졸업한 뒤에는 증권사에 입사했다. 그가 했던 업무는 곡물과 축산물 같은 상품의 선물(농축산물과 원자재 같은 특정 상품을 미래에 일정한 가격으로 구입할 수 있는 권리)거래를 주선하는 일이었다.

> 나는 선물거래를 담당하면서 서부 텍사스와 캘리포니아의 곡물 지대로 출장을 자주 다녔고, 덕분에 곡물과 가축 시장에 대한 풍부한 전문 지식을 쌓을 수 있었다. 시어슨Shearson에서 나와 거래했던 중개인, 가축 생산자, 그리고 곡물 거래자들은 좋은 사람들이었다. 술집과 비둘기 사냥, 그리고 바비큐 파티에 나를 데리고 다니면서 그들만의 세계를 보여주었다. 우리는 함께 일하고, 즐거운 시간을 보냈다.

럭비를 즐겼던 활달한 이 20대 청년에게는 월스트리트의 갑갑한 사무실에서 서류 더미에 파묻혀서 일하는 시간보다 평원이 끝없이 펼쳐진 곡창지대를 누비며 카우보이 같은 목장주들과 어울리는 시간이 더 즐거웠다. 하지만 그는 입사한 지 몇 년 안 돼 회사를 그만 둬야만 했다. 스스로 걸어 나온 게 아니라 해고당해서 쫓겨났다. 그도 인정하듯 충분히 해고당할 만했다. 상사의 얼굴을 주먹으로 때렸으니 말이다. 스물여섯 살의 그가 회사를 차린 데는 이런 배경이 있었다.

그는 창업 후 자신의 경험과 전문 지식을 살려 고객들에게 상품 선물 투자에 대해 자문하는 일을 시작했다. 앞으로 3개월 뒤 소고기와 옥수수 가격이 오를지 내릴지 예측한 뒤 소고기 선물과 옥수수 선물을 얼마에 얼마만큼 사야 하는지 조언해주고 대가를 받는 일이었다.

창업 초기인 1970년대 무렵, 그가 자신의 회사를 알리고 상품을 판매하기 위해 선택한 수단이 바로 글이었다. 신문과 잡지에 광고를 실을 돈이 없었던 젊은 사업가에게는 글만이 유일한 마케팅 도구였다. 그는 고객들이 출근 직후 자신의 글을 읽을 수 있도록 날마다 새벽같이 출근해 글을 써서 보냈다. 오늘날의 팩스와 비슷한 텔렉스를 사용해 글을 보냈는데 기계에 달린 자판으로 글을 입력하면 그 내용이 전송되는 방식이었다.

'일일 보고서Daily Observation'라고 이름 붙인 이 보고서를 통해 그는 그날의 경제·금융시장에 대한 분석과 농축산물 선물 상품의 가격 변화에 대한 자신의 판단 기준과 그를 통한 예측을 고객들에게 전달했다. 탄탄한 근거로 명쾌한 논리를 뒷받침한 이 보고서 덕분에 고객들은 복잡한 경제 상황을 쉽게 이해할 수 있었고, 그날의 가격 변화에도 미리 발 빠르게 대응할 수 있었다. 금융 투자업계에서 이 일일 보고서에 대한 입소문이 퍼져 나간 건 당연하다. 점점 더 많은 회사들이 그에게 보고서를 보내줄 것을 요청했고, 보고서를 통해 이름을 알리고 잠재 고객들과 접촉한 덕분에 회사에 들어오는 자문 업무도 빠르게 늘어났다. 나중에는 자문 업무뿐 아니라 투자 업무, 자산 운용 업무까지 사업 영역을 넓혀갔다. 아침마다 보내는 보고서를 통해 그의 회사는 성장의 액셀을 힘껏 밟을 수 있었다.

1970년대에 시작된 이 보고서는 40여 년이 지난 지금까지도 계속 이어지고 있다. 처음에는 가까운 고객 몇몇에게만 보냈던 보고서가 오늘날엔 전 세계 주요 지도자와 거물급 투자자, 기업인, 금융인이 경제의 흐름을 파악하고 중요한 판단을 내리기 위해 꼭 읽어야만 하는 자료가 됐다. 텔렉스에서 팩스로, 팩스에서 이메일로 형식은 바뀌었지만 그 안에 담긴 가치는 달라지지 않았다. 아니, 그 가치는 훨씬 더 높아졌다.

일일 보고서는 우리 사업의 중요한 소통 수단이 되었다. 거의 40년이 지나고 1만 개 이상의 보고서가 출간된 지금, 세계 각국의 정책 결정자들과 고객들은 브리지워터의 일일 보고서를 읽고 우리 보고서에 관해 토론한다. 나는 지금도 브리지워터의 다른 동료들과 함께 일일 보고서를 쓰고 있다. 나는 사람들이 더 이상 읽지 않게 되거나, 내가 죽을 때까지 계속해서 일일 보고서를 쓸 계획이다.

죽기 직전까지 글을 쓰겠다고 밝힌 이 남자는 바로 레이 달리오 브리지워터 어소시에이츠 창업자다. 1975년 그가 자신의 집에서 창업한 브리지워터는 1,600억 달러(2019년 기준, 약 193조 원)를 굴리는 세계 최대의 헤지펀드로 성장했고, 그 역시 177억 달러(2018년 기준, 약 21조 원)의 재산을 가진 세계 67위의 부자가 됐다.

이 투자업계의 거물에게 글쓰기는 그가 이룬 모든 성과의 든든한 밑바탕이었다. 글을 씀으로써 그는 날마다 자신이 내린 판단과 예측, 그리고 그 근거들을 상세하게 기록할 수 있었다. 시간이 지난 뒤 이를 다시 읽어보며 자신이 내렸던 올바른 판단과 잘못된 판단의 근거들을 정확히 확인할 수 있었다. 사람의 기억은 시간이 지나며 왜곡되지만 활자는 변하지 않는다. 올바르게 판단하는 일보다 중요한 건 자신이 어떻게 좋은 결정을 내릴 수 있었는지 정확히 이해하고, 계속해서 올바른 결정을 내릴 수 있는 시스템을 만드는 일이다.

잘못된 판단을 하는 것보다 더 나쁜 일은 자신이 왜 나쁜 판단을 내렸는지 그 이유를 깨닫지 못하는 것이다. 잘못된 선택을 한 이유를 알아내지 못한다면 결코 판단력을 키울 수 없고, 계속해서 같은 시행착오를 반복하게 된다. 기록하지 않으면 이유를 찾을 수 없고, 이유를 찾지 못하면 성공은 반복하지 못하고 실패는 반드시 반복하게 된다.

레이 달리오는 날마다 글을 쓰면서 자신이 어떤 근거와 기준으로 판단을 내렸는지, 자신의 판단이 어떤 결과를 가져왔는지 꼼꼼히 기록했다. 이를 통해 성공 가능성은 높이고, 실패 확률은 줄여나갔다. 프로 바둑 기사들이 대국을 마치고 상대와 자신이 뒀던 수를 처음부터 끝까지 다시 바둑판 위에 놓아보면서 승패의 원인을 분석하고 실력을 키워나가는 것과 마찬가지 이치다. 레이 달리오는 투자 성과가 드러난 뒤 자신이 그 같은 투자 결정을 내렸던 이유를 꼼꼼히 따져봄으로써 투자의 전설이 될 수 있었다. 모든 판단과 그 근거를 글로 남겨뒀기에 가능한 일이다.

글은 그에게 비용이 들지 않는 최고의 마케팅 도구이자 투자자로서 세상을 바라보는 자신만의 관점을 세우고, 치밀한 분석력과 과감한 결단력을 키울 수 있는 최고의 훈련 도구이기도 했다.

> 나는 다른 사람들이 내 생각의 타당성을 이해하고, 이를 발전시키는 데 도움을 줄 수 있도록 매일 나의 생각을 기록하는 것이 효율적이라고 생각했다. 글을 쓰기 위해선 매일 연구하고 깊이 생각해야 하므로 이것은 훌륭한 훈련 방식이었다.

기억이 아니라
기록으로 판단하라

글쓰기야말로 자신만의 원칙과 판단 기준을 세우고 이를 다른 이들과 공유함으로써 조직의 사고 능력과 생산성을 높이는 최고의 수단이다.

이처럼 글쓰기의 중요성과 위력을 잘 알고 있던 레이 달리오는 글을 통해 자신과 회사의 원칙을 세우는 일에도 성공을 거둔다. 2017년에 출간돼 전 세계 주요 국가에서 베스트셀러가 된 그의 책 《원칙Principles》은 제목 그대로 그가 40여 년간 투자하고 브리지워터를 경영하면서 배운 투자와 비즈니스, 삶의 원칙들에 대해 다루고 있다.

700쪽이 넘는 두툼한 책이지만 처음엔 60여 개의 문장으로 이뤄진 짧막한 한 편의 글로 시작됐다. 2006년, 그는 자신이 쓴 이 짧은 글을 사내 이메일로 직원들에게 공개한다. 사업과 업무, 일상에서 끊임없이 반복되는 여러 상황에 공통으로 적용할 수 있는 원칙들을 정리한 글이었다. 이후 레이 달리오가 쓴 이 매뉴얼은 계속해서 업데이트돼 212개까지 늘어난다.

그가 이렇게 자신의 원칙과 판단 기준을 구성원들에게 공개한 건 직원들이 자신과 같은 기준을 갖고 업무를 처리하기를 바랐기 때문이다.

원칙은 인생에서 원하는 것을 얻도록 만들어주는 행동의 기초가 되는 근본적인 진리다. 이런 원칙들은 여러 비슷한 상황에서 목표 달성을 위해 반복적으로 적용될 수 있다.

투자의 전설로 불리는 레이 달리오인 만큼 과거에 겪은 비슷한 여러 경험을 바탕으로 특정 유형의 문제에 대처하는 최적의 대처법을 미리 만들어놓고, 일이 터지면 원칙에 따라 곧바로 행동하는 것이야말로 효과적이고 올바른 결정을 신속하게 내리는 방법이라는 사실을 그 누구보다 잘 알고 있었다.

레이 달리오의 매뉴얼 역시 본래 회사 직원들 사이에서만 공유하던 것인데 2008년 글로벌 금융 위기를 계기로 외부에 공개하기에 이르렀다. 금융 위기의 충격이 몰아치던 2008년, 월스트리트는 물론 전 세계 주요 투자 기관들이 막대한 손실을 입었던 그해 브리지워터는 수익률 14퍼센트를 기록하며 사람들을 깜짝 놀라게 한다. 대형 기관투자가 대부분이 평균적으로 마이너스 30퍼센트 안팎의 손실에 신음하던 시기니 브리지워터의 14퍼센트라는 수익률은 놀라운 결과였다.

브리지워터가 어떻게 미리 위기를 예측하고 이에 대처할 수 있었는지, 브리지워터는 어떤 기준으로 투자 대상을 선별하는지, 브리지워터 임직원들은 어떤 문화에서 어떻게 일하는지에 대해 전 세계 금융 투자업계의 관심이 높아졌음은 물론이다. 또 주요 언론들의 취재 문의도 빗발쳤다. 이처럼 브리지워터의 원칙에 대한 세상의 관심이 높아지자 2010년 레이 달리오는 자신이 만든 매뉴얼을 세상에 공개하기로 결정한다. 브리지워터가 어떻게 바라보고, 생각하고, 행동하는지 대중에 정확히 알리는 방법은 자신이 쓴 글을 공개하는 것뿐이라고 생각했기 때문이다.

최근까지 나는 이런 원칙들을 회사 밖에 알리고 싶지 않았다. 대중의 관심을 받는 것을 좋아하지 않았고, 다른 사람들에게 어떤 원칙을 가져야 한다고 말하는 것이 주제넘다고 생각했기 때문이다. 하지만 브리지워터가 2008년과 2009년의 금융 위기를 성공적으로 예측한 뒤 나는 언론의 주목을 받았다. 그리고 나의 원칙들과 브리지워터의 독특한 운영 방식도 관심의 대상이 되었다.

하지만 대부분의 이야기는 왜곡됐고 선동적이었다. 그래서 2010년에 회사 홈페이지에 브리지워터의 원칙들을 공개해 사람들이 스스로 판단할 수 있도록 했다. 놀랍게도 브리지워터의 원칙은 300만 건이 넘는 다운로드 수를 기록했고, 세계 곳곳에서 감사의 편지를 보내왔다.

그가 투자에서 탁월한 성과를 거둘 수 있었던 비결은 수많은 데이터를 분석해 자신만의 이론을 만들어내고, 다시 현실의 데이터를 통해 그 이론을 검증하고 끊임없이 수정·보완했다는 데서 찾을 수 있다. 데이터를 근거로 한 판단과 데이터를 통한 사후 검증을 끊임없이 반복하는 선순환 구조야말로 그의 성공 비결이다. 그리고 그는 자신을 성공으로 이끈 이 선순환 구조를 자신만의 원칙을 만들어내는 데도 똑같이 적용한다.

그는 1970년대 후반부터 세계의 경제와 시장 상황을 보여주는 여러 데이터를 컴퓨터 시스템에 저장하기 시작했다. 현재와 가까운 과거의 데이터뿐 아니라 멀게는 100년 전의 경제·금융 통계들까지 수집했다. 당시의 경제 상황이 어땠는지, 각각의 투자 상품들은 얼마에 거래됐고 그 가격은 시간이 지남에 따라 어떻게 변해갔는지 조사해 시스템에 입력했다. 브리지워터 직원들이 20세기 초반에 미국과 유럽에서 발행된 신문들과 역사책들까지 뒤졌던 이유다.

이렇게 데이터를 모은 뒤에는 이를 분석해 특정 경제 상황에서 최대의 수익을 올릴 수 있는 투자 방법이 무엇인지 찾아내 이를 바탕으로 투자에 나선다. 레이 달리오는 추측과 감이 아닌 풍부한 데이터와 정교한 분석을 통해 어떤 상황에서든 수익을 낼 수 있는 투자의 법칙을 찾아내려 했다. 또한 과거의 데이터를 분석해서 나온 법칙을 그대로 따르는 데 머물지 않았다. 과거 사례들을 통해 찾아낸 이론을 현실에 적용해 오늘날에도 유용하다고 검증된 이론만을 자신의 투자 원칙으로 삼았고, 시대에 맞지 않는 이론은 폐기했다. 단순히 과거 사례를 답습해나가는 것만으로는 자신만의 철학, 원칙, 기준을 만들어낼 수 없으며, 모든 이론은 현실의 검증을 통과해야만 철학으로 거듭날 수 있다는 사실을 잘 알고 있었기 때문이다.

그는 주식, 채권, 선물 옵션, 귀금속 등 어떤 종류의 상품이 됐든 투자를 결정할 때마다 자기가 왜 이 시점에 이 상품을 선택했는지 그 근거를 꼼꼼히 기록으로 남겼다. 거래를 마친 뒤에도 투자 성과가 어땠는지 자세히 기록했다.

그냥 '돈을 벌었다', '잃었다', '수익률은 몇 퍼센트였다' 정도를 써두고 끝난 게 아니었다. 투자 성과가 자신이 예상했던 수준이었는지, 이를 훨씬 뛰어넘는 정도였는지, 기대에 미치지 못했는지 정확하게 기록했다. 그가 글을 쓰는 이유는 단순히 경기의 득점을 기록하는 게 아니라 자신의 판단이 얼마나 정확했는지 분석하기 위해서였기 때문이다. 그는 이 모든 내용을 글로 기록했을 뿐 아니라 수치화해 컴퓨터 시스템에 저장했다.

그리고 이 모든 내용을 하나하나 분석하면서 자신이 내렸던 판단 중에서 적중했던 것은 무엇이고 빗나갔던 것은 무엇인지, 옳은 판단이었을 때는 어떤 근거로 판단했었고 잘못된 선택이었을 때는 어떤 요인에 현혹됐었는지를 찾아나갔다.

이 같은 과정을 통해 효과가 검증된 기준만을 추려내 자신의 투자 원칙으로 삼았고, 이를 컴퓨터 시스템에 입력해 투자 알고리즘으로 만들었다. 실패한 결정들에 대해서도 자신이 무엇을 보지 못해 실패했는지 반드시 찾아낸 뒤 이를 기록하고 투자 알고리즘에 반영해 같은 실수를 반복하는 일을 막았다.

이렇게 그는 자신과 회사의 판단력을 날마다 꾸준히 높여갔다. 그와 브리지워터가 항상 더 높은 목표를 향해 나아갈 수 있었던 것은 성공적인 투자를 만들어낸 판단 기준들만 모아 원칙과 투자 알고리즘으로 삼은 덕분이었다.

레이 달리오는 "좋은 습관은 언어를 배우는 것처럼 원칙에 입각한 방식을 반복함으로써 익히게 된다. 좋은 사고방식은 원칙들을 만드는 근거를 분석하는 것에서 출발한다"라고 말했다. 그리고 당신도 이미 알고 있듯이 근거를 분석하려면 먼저 판단을 내릴 때마다 그 근거들을 상세한 기록으로 남겨야 한다.

최고의 리더들은 기억을 믿지 않는다. 그들이 믿는 건 오직 기록뿐이다. 그들만큼 사람의 기억이 왜곡되고 편향되기 쉽다는 사실을 잘 알고 있는 이들도 없다. 대부분의 사람들은 자신이 보고 싶은 것만 보려 하고 듣고 싶은 것만 들으려 한다. 그리고 자신이 기억하고 싶은 것만 기억하려 한다. 아니, 자신이 기억하고 싶은 대로 기억을 만들어낸다는 게 더 정확한 말이다.

지금의 결과만 좋다면 자신이 아무리 빈약한 근거를 바탕으로 판단을 내렸더라도, 아니 허술한 근거조차 없이 그냥 찍듯이 선택했다고 하더라도 자신이 그 선택을 내릴 때 탄탄한 근거 위에 서 있었다고 믿어버리는 게 사람이다. 아무 생각 없이 그냥 친한 친구를 따라 샀던 주식이 엄청난 수익률을 안겨줬다면 마치 자신이 그 회사의 성장 가능성에 확고한 믿음이 있었던 것처럼 기억하고, 그렇게 말하고 다니는 게 사람이다.

사람들은 머릿속 기억이 한번 입력되면 변하지 않고 그대로 유지되는 고정불변의 존재라고 생각한다. 전혀 그렇지 않다. 기억은 지금 내가 서 있는 상황에서 바라보는 과거에 대한 평가일 뿐이다. 자신이 지금 어떤 상황에 처해 있는지에 따라 과거의 선택에 대한 평가는 달라질 수밖에 없고, 달라진 평가에 따라 기억도 변한다. 기억만큼 그때그때 상황에 따라 달라지는 유동적이고 왜곡되기 쉬운 대상도 없다.

최고의 리더들은 배우려 한다. 성공이든 실패든 과거의 경험을 통해 더 나은 내가 되는 방법을 배우려 한다. 자신이 겪은 경험을 분석해 더 정확히 판단하고 더 빠르게 행동하는 내가 되려 한다. 과거의 경험을 분석함으로써 앞으로 계속 자신의 삶에 적용할 수 있는 보편적인 원칙을 만들어내고 이에 따라 살고자 한다.

과거에서 배우는 데 가장 필요한 조건은 과거에 내가 어떤 근거를 토대로 어떻게 생각했는지를 있는 그대로 정확하게 아는 것이다. 당연하고 쉬워 보이는 말이지만 방금 말한 이유 때문에 무엇보다 쉽지 않은 일이다.

그래서 최고의 리더들은 '기억'이 아닌 '기록'을 토대로 과거를 불러온다. 지난 결정들이 성공했는지 실패했는지보다 훨씬 더 중요한 것은 그 당시 자신의 머릿속을 채웠던 사고 과정을 파악하는 것이기 때문이다. 성공을 만들어낸 사고 과정은 받아들여 더욱 강화하고, 실패를 불러온 사고방식은 폐기해야만 판단의 정확성을 높일 수 있다.

최고의 리더라고 불리는 인물들 대부분은 길든 짧든, 정기적이든 비정기적이든 일종의 일기를 써서 자신의 삶을 기록한다. 자신이 그날 하루 어떤 근거를 바탕으로 어떤 결정을 내렸는지 적어둬야만 훗날 다시 그 시점에 내렸던 선택들을 떠올리며 자신이 올바른 근거로 판단을 내렸었는지, 순간적인 충동에 휩싸여 잘못된 결정을 내렸었는지 명확하게 파악할 수 있기 때문이다.

오래전에 썼던 일기를 다시 펼쳐본 적 있는 사람이라면 일기를 읽으며 '내가 예전에 이런 문제 때문에 이만큼이나 고민했었나?', '내가 이런 생각을 했던 적이 있었나?' 하는 당혹감을 느껴봤을 것이다. 그만큼 사람은 과거의 자신을 쉽게 잊어버린다. 기록이 아닌 기억에만 의존해 과거의 경험을 분석한다면 앞으로 살아가면서 실천할 자신만의 원칙을 세우는 게 불가능한 이유다.

기록하지 않으면 기억할 수 없고, 기억하지 않으면 반성할 수 없으며, 반성할 수 없으면 더 나아질 수 없다.

금지형 규칙으로
사람들을 옭아매지 말라

이나모리 가즈오든, 레이 달리오든, 워런 버핏이든, 제프 베이조스든 세계 최고의 리더들의 원칙에는 한 가지 공통점이 있다. 원칙이라는 이름으로 사람들의 행동을 규제하고 조직 구성원들의 생각의 폭을 좁히려 하지 않는다는 점이다. 최고의 리더들이 글을 통해 밝힌 원칙을 살펴보면 '~하지 말라'로 끝나는 금지문을 찾아볼 수 없다는 사실을 알 수 있을 것이다. '~하지 말라'가 아니라 '~하며 사는 게 좋다'는 식의 권유형으로 끝나는 문장이 대부분을 차지한다. 그들이 자신의 판단 기준, 원칙, 철학을 공개한 이유는 사람들을 옭아매기 위해서가 아니기 때문이다.

한 가지 착각하지 말아야 할 게 있다. 최고의 리더들의 원칙은 학창 시절 접했던 교칙이나 회사의 규정이 아니다. "머리카락은 귀밑으로 2센티미터 이상 내려와선 안 된다", "치마 끝단은 무릎보다

5센티미터 이상 올라가서는 안 된다", "남자 직원들은 어두운 계열 양복에 흰 셔츠를 입고 출근해야 한다", "찢어진 청바지를 입고 출근해서는 안 된다", 이런 식으로 구성원들의 행동 하나하나에 일일이 간섭하기 위해 만들어진 고리타분한 규칙이 아니라는 뜻이다.

이런 금지형 규칙들은 조직 구성원을 '어린아이'라고 생각할 때 만들어진다. 부모가 아이에게 어떤 걸 해야 하고, 무엇은 하지 말아야 하는지 일일이 가르치듯 조직 구성원의 모든 행동에 참견하기 위해 만들어진다. 금지형 규칙들의 밑바탕에는 조직 구성원을 미성숙한 존재로 바라보는 불신이 깔려 있다.

최고의 리더들은 자신의 글을 읽을 구성원들이 이미 충분히 스스로 생각하고 행동할 능력이 있다고 생각하고 글을 쓴다. 사실 그들에겐 구성원들을 어린아이처럼 생각할 여유도 없다. 구성원들을 아이처럼 대하고 그들의 행동에 일일이 간섭하겠다는 것은 그들에게 어떤 종류의 자율성과 성과에 따른 책임도 기대하지 못한다는 말과 같다. 어린아이에게 어떻게 일에 대한 책임을 물을 수 있겠는가? 이런 회사는 결국 되는 일도 없고 안 되는 일도 없는, 구성원 모두가 하루하루 흘러가는 대로 보내는 그저 그런 회사에 머물게 된다.

최고의 리더는 최고의 인재들을 모아 최고의 성과를 낸다. 최고의 인재들에게 최고의 보상을 주고 최대의 권한을 위임해 최고의 성과를 내는 게 그들의 목표다. 기존의 것을 뒤엎는 창의성과 혁신은 스스로 생각하고 행동할 줄 아는 사람에게서만 찾을 수 있기 때문이다. 최고의 리더들은 사람들의 행동을 하나하나 통제하는 일에 시간을 쏟기에는 너무 바쁘다.

2010년대에 들어서면서부터, 더 멀리 봐서는 2000년대 이후부터 새롭게 등장한 신생 기업들이 기존의 강자들을 무너뜨리고 시장의 주도권을 쥐는 일이 점점 더 흔해지고 있다. 한국은 물론 전 세계에서 공통으로 나타나고 있는 모습이다.

돌팔매 하나만 들고 전쟁터에 나선 다윗이 두툼한 갑옷과 방패, 날카로운 창으로 무장한 골리앗을 이길 수 있었던 이유 중 하나도 여기에서 찾을 수 있다. 구성원들을 어린아이 취급하는지, 아니면 홀로 생각하고 실천할 수 있는 성인으로 취급하는지에 따라 기업의 명운이 갈린다는 말이다.

조직 구성원들을 어린아이 취급하는 대기업들은 그동안 직원들의 행동을 감시하고 통제하기 위해 관료 조직을 층층이 쌓아 올렸고, 이런 관료 조직은 구성원들의 열정과 창의력을 목 졸라 제거해 왔다. 그러는 사이 작지만 혁신적인 아이디어가 가득한 신생 기업들은 최고의 인재들에게 전권을 위임해 변화하는 소비자의 요구에 대응해 발 빠르게 치고 나갈 수 있는 환경을 만들었다.

오직 최고 임원진만이 생각할 권리를 독점하려고 하는 조직은 직원 수와 갖고 있는 돈이 아무리 많다고 해도 경쟁에서 승리할 수 없다. 덩치는 황소만 한데 머리는 콩알만 한 기형적인 형태의 조직이 새로운 미래를 만들 것이라고 기대를 할 수는 없는 법이니 말이다.

추구하는 것을 써라,
짧고 명확하게

직원들 모두를 스스로 생각하게 만듦으로써 불과 설립 20여 년 만에 전 세계 미디어·엔터테인먼트 시장을 휩쓸고 있는 회사가 있다. "복장 규정이 없다고 해서 회사에 벗고 출근하는 사람은 없다."

이 회사의 창업자가 평소 즐겨 하는 말이다. 이 말처럼 그는 직원들을 틀에 박힌 규정으로 통제하지 않는 것, 직원들 모두를 스스로의 행동에 책임질 줄 아는 어른으로 대우하는 것이야말로 회사의 성공 비결이라고 말한다.

2000년 초, 설립된 지 이제 막 2년이 넘은 신생 기업의 공동 창업자 두 명이 텍사스주 댈러스의 르네상스타워 입구로 들어선다. 30만 명에 이르는 가입자들에게 서비스를 제공하는 직원 100여 명 규모의 회사였다. 입소문이 나면서 가입자들은 꾸준히 늘고 있었지만, 회사의 앞날엔 먹구름이 잔뜩 끼어 있었다. 설립 이후 계속해서 큰 폭의 적자를 냈고 이 흐름이 계속된다면 2000년 한 해에만 5,700만 달러의 적자를 볼 것으로 예상됐다.

이 두 남자가 텍사스를 찾은 건 자신들의 회사를 경쟁사에 매각하기 위해서였다. 사실 경쟁사라고 부르기에는 너무 큰 회사였다. 자신들의 회사보다 규모가 1,000배는 더 컸으니 말이다. 직원 수만 놓고 보더라도 6만 대 100이었다.

빌딩 27층 대회의실에서 만난 경쟁사 대표는 그들에게 회사를 얼마에 팔려고 하는지 물었고, 답을 듣자마자 단칼에 거절한다. 남자들이 말한 금액은 5,000만 달러였다. 이번 한 해에만 5,700만 달러 적자를 볼 회사를 5,000만 달러에 사라니 누가 봐도 무리한 요구였다. 혹시나 하는 기대를 안고 찾아왔던 두 남자는 쓸쓸히 자리에서 일어나 로스앤젤레스에 있는 자신들의 회사로 돌아가야만 했다. 20년 가까이 흐른 지금 이 남자들은 어떻게 됐을까? 돈 한 푼 제대로 벌지도 못하면서 막대한 돈을 집어삼키기만 했던 이 회사의 운명은 어떻게 됐을까?

20년 가까이 흐른 지금 두 남자가 찾아갔던 경쟁사는 흔적조차 없이 사라졌다. 한때 전 세계에 9,000여 개의 비디오·DVD 대여점을 거느리며 홈 엔터테인먼트 업계의 거인으로 군림했던 회사였지만 2010년에 파산했다. DVD를 빌려 보는 대신 온라인 스트리밍으로 영화와 드라마를 시청하는 시대의 흐름을 따라잡지 못했기 때문이다. 한때 기업 가치가 60억 달러 이상 되던 회사였지만 이제는 '블록버스터'라는 회사명을 기억하고 있는 사람들조차 찾기 힘들어졌다.

남자들의 회사는 어떻게 됐을까? 눈치 빠른 독자라면 블록버스터라는 이름을 듣는 순간 남자들이 창업한 회사가 어딘지 바로 알아차렸을 것이다. 숱한 위기에서도 이들의 회사는 결국 살아남을 수 있었고, 살아남는 걸 넘어 이제는 전 세계 미디어·엔터테인먼트 업계를 좌지우지하는 회사가 됐다.

2002년 이 회사가 미국 주식시장에 상장됐을 때의 주가는 1달러였다. 2020년 9월엔 550달러를 넘었다. 18년 사이 주가가 550배 뛰었고, 2000년에 30만 명에 불과했던 가입자 수는 2020년에 1억 5,000만 명을 돌파했다. 주문받은 DVD를 우편으로 고객들에게 보내주던 회사가 전 세계 190여 개국에서 인터넷 스트리밍으로 영화와 드라마를 제공하는 글로벌 기업으로 탈바꿈했다.

이쯤 되면 이 회사가 어딘지 대부분 눈치챘을 것이다. 회사는 넷플릭스, 그리고 블록버스터 본사에서 쓸쓸히 걸어 나와야만 했던 두 남자는 공동 창업자 리드 헤이스팅스와 마크 랜돌프다.

만약 그날의 만남에서 블록버스터 CEO 존 안티오코가 넷플릭스를 5,000만 달러에 사들였더라면 어떤 일이 벌어졌을까? 두 공동 창업자가 더 낮은 금액을 말해 블록버스터가 넷플릭스를 인수했다면 두 회사의 운명은 어떻게 달라졌을까? 당시 리드 헤이스팅스와 마크 랜돌프는 블록버스터가 넷플릭스를 인수해준다면 회사를 블록버스터닷컴으로 바꿔 온라인 사업에 집중하겠다는 제안을 했다. 만약 이 제안이 이루어졌다면 오늘날 넷플릭스가 차지하고 있는 왕좌에는 블록버스터가 앉아 있지 않을까?

이런 질문에 대한 대답은 간단하다. 절대로 그렇게 되지 않았을 것이다. 오늘날 넷플릭스가 이룬 성공의 가장 중요한 요소가 돈이 아니기 때문이다. 물론 돈은 매우 중요하다. 풍부한 자금력만큼 기업의 성공을 결정짓는 요소도 드물다. 돈이 있어야만 최고의 직원을 뽑고, 첨단 기술을 개발하고, 마케팅을 해 사람들을 끌어모을 수 있다.

하지만 때로는 돈이 있어도 할 수 없는 일이 있다. 오늘의 넷플릭스를 만들어낸 비결의 상당 부분은 돈으로 해결할 수 없는 영역에서 찾을 수 있다. 넷플릭스보다 돈도 훨씬 많은 데다 50년 넘게 영화와 드라마를 제작하면서 풍부한 콘텐츠와 압도적인 브랜드 이미지를 쌓아온 디즈니 같은 회사도 넷플릭스와의 경쟁에서는 밀리고 있는 모습이 이 같은 사실을 증명한다.

넷플릭스가 지난 20년간 거인들과의 경쟁에서 살아남아 오늘날 업계 최고의 기업이 될 수 있었던 비결은 이 회사만의 독특한 기업 문화에서 찾을 수 있다. 넷플릭스의 두 창업자는 짧은 글 한 편으로 그들만의 기업 문화를 만들어내는 데 성공했다. 10분도 안 돼 다 읽을 수 있는 파워포인트 슬라이드지만 이 문서에는 넷플릭스의 오늘을 만든 모든 비결이 고스란히 담겨 있다.

페이스북 COO(최고운영책임자) 셰릴 샌드버그가 127장으로 이루어진 이 파워포인트 슬라이드를 두고 "실리콘밸리에서 나온 그 어떤 기록보다 더 중요한 자료"라고 평가한 것도 그러한 이유다.

이 문서의 제목은 〈넷플릭스의 자유와 책임의 문화: 넷플릭스 컬처 데크〉, 줄여서 〈넷플릭스 컬처 데크〉라고 부른다. 본래는 신입 사원들에게 넷플릭스의 기업 문화를 설명하고 그들이 회사에서 어떻게 행동해야 하는지 안내하기 위해 작성된 사내 교육용 자료였다. 2009년 넷플릭스는 이 문서를 자신들의 웹 사이트에 올렸는데, 10년간 1,800만 건이 넘는 조회 수를 기록하며 넷플릭스와 같은 폭발적인 성장을 꿈꾸는 기업인, 예비 창업자라면 반드시 읽어야 하는 지침서로 자리 잡게 됐다. 대체 어떤 내용이 담겼기에 한 회사의 사내 교육용 자료에 이토록 많은 관심이 쏠린 걸까?

〈넷플릭스 컬처 데크〉의 문장들은 짧고 명확하다. 영어를 잘하지 못하는 사람도 별 어려움 없이 읽을 정도로 쉬운 단어들로 쓰여 있다. "우리는 탁월함을 추구한다. 우리 문화의 목적은 우리 스스로 탁월함을 이루는 것이다"라는 문장으로 시작되는 이 자료는 곧바로 다음 장에서 '탁월함을 이루기 위해 갖춰야 하는 일곱 가지 조건'을 이야기한다.

"우리가 실제로 가치 있게 여기는 것이 가치다", "뛰어난 성과", "자유와 책임", "통제가 아닌 맥락의 전달", "강하게 연결돼 있지만 느슨하게 짝지어진 조직 구성", "동종 업계 최고 임금으로 대우", "승진과 자기 계발". 넷플릭스는 이 일곱 가지 조건이 바로 자신을 다른 회사들과 다르게 만들어주는 기준이라고 말한다.

〈넷플릭스 컬처 데크〉가 어떤 문서인지 좀 더 구체적으로 살펴보자. 먼저 회사의 가장 중요한 목표가 '탁월함'임을 공유한 뒤 이 목표를 달성하기 위한 세부 목표를 제시하고, 이어서 구체적인 실천 방안을 안내하는 전형적인 두괄식 구성으로 작성된 문서다. 겉보기에만 그럴듯하고 막상 무슨 말인지 제대로 이해할 수 없는 애매모호한 단어들을 나열하는 대신 회사가 원하는 것을 단도직입적으로 말하고, 이를 위해 어떻게 행동해야 하는지를 짧고 분명하게 설명한다.

이 문서가 어느 정도까지 솔직한지는 '뛰어난 성과' 항목에 해당

하는 다음 슬라이드 내용을 살펴보면 알 수 있다.

- 다른 회사와 똑같이 우리도 채용을 잘하려고 애쓴다.
- 다른 회사와 다르게 우리는 다음과 같은 원칙을 지킨다. 적당한 성과를 내는 직원은 두둑한 퇴직금을 주고 내보낸다.
- 이제 그런 직원들은 두둑한 퇴직금을 받고 나갔다. 우리에겐 새로운 스타를 맞이할 자리가 생겼다. 매니저는 다음 '키퍼 테스트'를 활용하라. 부하 직원이 다른 회사로 가서 비슷한 일을 하겠다고 한다면, 어떻게 해서든 그를 붙잡겠는가?

업계 최고의 대우를 해주겠지만 최고의 성과를 내지 못하면 언제든 내보낸다는 방침을 공식적으로 밝혔다. 또한 누가 최고의 직원인지, 아니면 평범 수준의 직원인지는 그가 다른 회사로 가서 일하겠다고 말할 때 어떻게 해서든 잡아야 한다는 생각이 드는지, 그렇지 않은지를 보면 바로 확인할 수 있다고도 적었다.

〈넷플릭스 컬처 데크〉는 이처럼 직설적인 문장으로 넷플릭스의 성과주의 기업 문화를 짧지만 강렬하게 표현하고 있다. 넷플릭스는 휴가 규정과 근무 규정, 비용 지출 규정, 출장 규정, 보고 규정 등 회사라면 당연하게 있어야 하는 여러 규정이 아예 없거나 관대하기로 유명하다. 휴가를 언제, 얼마나 쓰든, 몇 시에 출근해서 몇 시에 퇴근하든 직원들이 알아서 결정하고, 법인 카드를 어디서, 얼마나 긁든 회사가 제한하지 않는다는 말이다. 다른 회사였다면 상사의 승인을 얻어야만 하는 중요 안건들도 직원이 스스로 판단해서 결정할 수 있는 권한을 준다.

회사의 휴가 규정을 설명하는 〈넷플릭스 컬처 데크〉의 내용은 다음과 같다.

〈넷플릭스의 휴가 규정과 확인 절차〉

- "규정도 없고, 확인도 하지 않는다."
- 복장 규정도 없지만 벗고 출근하는 사람도 없다.
- 교훈: 일일이 규정을 정할 필요가 없다.

다만 꼭 지켜야 하는 규칙이 하나 있다. 이러한 모든 판단을 내릴 때에는 '무엇이 회사에 가장 도움이 되는 선택인가?'라는 기준에 근거해야 한다. 직원들은 모두 스스로 생각하고 행동할 수 있는 어른이며, 회사에 가장 도움이 되는 결정을 내릴 만한 능력이 있다는 믿음이야말로 넷플릭스만의 기업 문화가 탄생할 수 있었던 배경이다.

그리고 넷플릭스의 이 같은 '무규칙 기업 문화'에는 창업자 리드 헤이스팅스의 독특한 성격과 이력이 강하게 스며들어 있다. 모든 기업 문화에는 창업자 개인의 성향이 짙게 스며들어 있기 마련이다. 특히 창업자가 현재도 활발하게 활동하며 경영을 이끌고 있는 회사라면 그가 조직 문화에 끼치는 영향은 절대적이다. 공동 창업자였던 마크 랜돌프는 넷플릭스가 나스닥에 상장하고 1년 뒤인 2003년에 회사를 나갔기에 오늘날 넷플릭스의 성과와 문화를 만들어낸 이는 헤이스팅스라고 해도 지나치지 않다.

보든칼리지에서는 수학을 전공하고 스탠퍼드 대학원에서 인공지능으로 석사 학위를 받은 리드 헤이스팅스는 효율성과 정확한 근거에 따른 합리적인 판단을 무엇보다 중요하게 생각한다. 올바른 판단을 내리고 구성원들의 잘못된 행동을 바로잡기 위해서라면 직설적으로 쏘아붙이듯 말하는 것도 망설이지 않는다.

헤이스팅스는 다른 이들이 종잡을 수도, 예측할 수도 없는 자신만의 방식으로 인생을 살아왔다. 고등학교를 졸업하고 1년 동안은 그저 일이 재밌다는 이유로 진공청소기 외판원으로 일했다. 학비를 마련하기 위해서는 아니었다. 그의 아버지가 보스턴에서 알아주는 유명 변호사였으니 말이다.

대학교를 졸업한 뒤에는 갑자기 해병대에 입대해 장교 양성 코스를 밟았다. 이렇게 2년을 군대에서 보내고 나서는 평화봉사단에 참가해 남아프리카 스와질랜드왕국(지금의 에스와티니)에서 3년간 학생들을 가르치는 자원봉사를 했다. 대학원에 입학해 인공지능을 전공한 건 아프리카에서 돌아온 뒤였다.

"누구도 간섭하지 않을 테니 스스로의 힘으로 최고의 성과를 이뤄라. 대신 대우는 최고로 해주겠다"는 넷플릭스의 기업 문화에는 이처럼 효율성을 중시하면서 동시에 스스로 선택한 대로 인생을 살아나가는 그의 특성이 고스란히 담겨 있다.

〈넷플릭스 컬처 데크〉는 헤이스팅스 홀로 책상 앞에 앉아 머릿속 생각을 단숨에 적어 내려간 글이 아니다. 넷플릭스에서 14년간

CTO(최고인재책임자)로 일하며 회사의 문화를 만들어가는 데 커다란 역할을 했던 패티 맥코드와 둘이서만 머리를 맞대고 앉아 쓴 글도 아니다.

〈넷플릭스 컬처 데크〉의 127장 슬라이드는 헤이스팅스가 1991년 첫 회사인 퓨어소프트웨어를 창업한 뒤부터 지금까지 30여 년간 효율적인 조직을 만들기 위해 시도했던 수많은 도전과 시행착오, 이 과정을 거쳐 살아남은 원칙들 위에 서 있다. 머릿속 생각이 아니라 행동과 조직 구성원들과의 치열한 논의를 거쳐 한 문장씩 완성해나간 글이다. 헤이스팅스는 그 과정을 다음과 같이 말했다.

> 여러 해 동안 시행착오를 거치며 조금씩 진화를 거듭한 끝에, 우리는 문제를 해결할 방법을 찾아냈다. 스스로 내린 판단을 실행에 옮길 때 거추장스러운 절차를 밟을 필요 없이 오히려 더 많은 자유를 갖게 되면, 직원들은 좀 더 나은 결정을 내리게 되고, 회사도 책임을 묻기 더 쉬워진다. 그러면 상황에 더욱 기민하게 대처할 수 있고 더 즐겁고 의욕적인 분위기가 되어 민첩한 조직이 된다.

〈넷플릭스 컬처 데크〉에서 단호하고 명료한 문장으로 넷플릭스 직원이라면 반드시 이렇게 행동해야 한다고 말할 수 있는 것도 모두 현실에서 검증받은 내용들이기 때문이다. 최고의 리더는 혼자만의 공상이 아닌 현실에서의 실천을 바탕으로 글을 쓴다.

헤이스팅스가 〈넷플릭스 컬처 데크〉를 만들어 직원들과 공유하기로 한 이유는 간단하다. 리더라면 자신이 무엇을 원하는지 조직 구성원들에게 명확하게 밝힐 의무가 있기 때문이다. 원하는 것을 얻으려면 먼저 자신이 무엇을 원하는지부터 정확하게 알아야만 한다. 부하 직원들에게 이야기할 때도 마찬가지다. 조직의 힘을 모아 이루고 싶은 목표가 있다면 먼저 그 목표가 무엇인지 구성원들에게 이해시켜야 한다. 자신이 무슨 생각을 하고 있는지 말하지 않아도 부하 직원들이 알아줄 것이라고 생각하는 리더만큼 조직을 위험과 혼란에 빠뜨리는 리더는 없다.

직장 생활을 하는 독자라면 잘 알겠지만 부하 직원들을 가장 힘들게 하는 상사는 자기 생각을 말하지 않는 사람이다. 그런 상사는 자신이 직접 말하는 대신 부하 직원들이 어떻게든 자기 생각을 알아내 알아서 행동해주길 원한다. 또 본인의 생각과 그 근거에 자신이 없어서 부하 직원들을 설득하지는 못하지만, 상사라는 지위를 이용해 어떻게든 자신이 생각하는 방향으로 일을 끌고 가려고 한다. 이런 상사들이야말로 조직의 효율성을 가장 떨어뜨리는 존재다.

부하 직원들은 자신의 상사가 머릿속에 담고 있는 생각을 읽어내기 위해 귀중한 업무 시간을 허비해야 하고, 자신이 지금 제대로 업무를 처리하고 있는지 확신하지 못한 채 일단 일을 처리한 다음 불안한 마음으로 상사를 찾아가야 한다. 결과물이 상사의 마음에 들지 않으면 모든 일을 처음부터 다시 해야 한다. 이 과정은 상사의 마음에 드는 결과물이 나올 때까지 계속해서 반복된다. 애초에 상사가 자신이 원하는 것을 뚜렷하게 말했다면 결과물의 질을 끌어올리는 데 투입할 수 있었던 시간과 노력이 아무 의미 없이 허비되고 마는 것이다.

비효율과 낭비, 관료주의를 무엇보다 싫어하는 리드 헤이스팅스에게 이 같은 모습은 두고 볼 수 없는 일이다. 그렇기에 그는 글을 통해 자신과 넷플릭스가 직원들에게 원하는 것이 무엇인지를 뚜렷하게 밝힌다.

간단명료한 문장들로 이뤄진 〈넷플릭스 컬처 데크〉를 보면 군대의 작전 계획 문서처럼 느껴지기도 한다. 〈넷플릭스 컬처 데크〉는 매우 잘 구성된 작전 계획 문서다. 장군이 아닌 실제로 전쟁터에 나가 싸우는 대원들을 위해 작성됐기 때문이다. 장군을 바라보며 작성된 자료는 거창한 단어들만 담고 있을 뿐 실제로 무엇을, 어떻게 해야 하는지 말하지 않는다. 듣기에는 그럴듯해 보이지만 실제론 아무짝에도 쓸모가 없다.

소수 정예로 이뤄진 특수부대일수록 전투에 들어가기 전에 상세한 작전 브리핑을 해서 대원들에게 작전의 목표와 한 명 한 명의 임무를 철저하게 설명한다. 모든 대원이 이 작전에서 얻고자 하는 목표를 정확하게 이해하고 있어야만 시시각각 급변하는 전투 환경에 맞춰 자신의 임무를 수행할 수 있기 때문이다.

네이비 실 같은 특수부대나 프로스포츠 팀처럼 최고의 성과를 내는 소수 정예 인재들로 구성된 조직을 추구하는 헤이스팅스에게 글을 통해 자신의 가치관과 넷플릭스의 목표를 분명하게 전달하던 것은 자연스러운 일이었다. 스스로 생각하고 행동할 줄 아는 능력을 갖춘 인재들이라면 자신의 판단 기준을 공유하는 것만으로도 최고의 성과를 이끌어낼 수 있기 때문이다. 평범한 리더들은 조직원들을 자신의 입맛에 맞게 통제하고 그저 시키는 일만 잘하도록 하는 규칙을 만들지만, 헤이스팅스와 같은 최고의 리더들은 구성원들의 가능성을 최대로 끌어내 탁월한 성과를 내기 위해 글로써 문화를 만든다.

브랜딩

남과 다른 나를 위해 쓴다

Writing for Leaders

브랜딩:

남과 다른 나를 위해 쓴다

최고의 리더는 스스로를 세상에 알리고 남과 다른 나를 만들기 위해 글을 쓴다. 글쓰기는 스스로를 세상에 알릴 수 있는 최고의 브랜딩branding 도구다. 오늘보다 더 크고, 더 높으며, 더 깊고, 더 뜨거운 내일을 꿈꾸는 사람이라면 반드시 스스로 글을 써야만 한다. 글을 통해서만 당신은 남들과 차별화된, 대체 불가능한 존재로 거듭난다. 쓰지 않는다면 당신은 그저 비슷비슷한 조건을 갖춘 수많은 사람 중 한 명일 뿐이다. 희미한 기억 속에 머물며 언제든 대체될 수 있는 그런 사람 말이다.

브랜드야말로 당신이 쌓을 수 있는 최고의 진입 장벽이다. 글쓰기를 통해 당신은 경쟁자들의 침범을 막는 넓고도 깊은 거대한 해자垓子를 만들어낼 수 있다.

브랜딩의 기본은 '남과 다른 자신의 모습'을 알리는 것이다. 개인이든 기업이든 상품이든 그저 알리기만 해서는 결코 나만의 브랜드를 쌓을 수 없다. '남과 다른 나'를 알리는 것이야말로 브랜드의 핵심이다. 말의 어원 자체가 그렇다. 브랜드란 본래 소나 돼지 같은 가축의 몸통에 찍는 낙인을 뜻하는 말이다. 풀밭에서 가축이 섞이더라도 누구 소유인지 바로 구별하고자 집집이 서로 다른 문양의 쇠 도장을 만든 뒤 불에 달궈 가축의 몸통에 찍었다. 남과 다른 나의 모습을 강조하는 것이야말로 브랜드의 목적이란 걸 알 수 있다.

널리 알리는 건 돈만 있으면 누구든 할 수 있다. 광고할 수단은 넘쳐 난다. 커피 한 잔 값이면 지금 당장 페이스북에서 자기 자신을 알리는 광고를 할 수 있다. 아무도 보지 않는다는 게 문제지만 말이다. 남들과 똑같은 방식으로 나를 알리려 해 봤자 아무 소용 없다. 나는 남과 다른데 왜 남과 같은 방식으로 자신을 알리려 하 는가? 그건 애초에 브랜드가 아니다.

지금부터 살펴볼 최고의 리더들은 글쓰기야말로 자신과 자신이 이끄는 조직을 알 리는 최고의 브랜딩 도구라는 사실을 누구보다 잘 알고 있다. 남과 다른 자신의 모습을 알리는 가장 좋은 방법은 직접 자신에 대한 글을 쓰는 것이라는 사실을 말 이다.

이들은 아는 걸 실천했다. 무형자산인 브랜드야말로 세상에서 가장 손에 넣기 힘 든 재산이며, 브랜드, 명성, 평판과 같은 무형자산이 있다면 유형자산, 즉 돈을 버 는 건 그리 어렵지 않은 일이라는 걸 알기 때문이다.

나이키 창업자는 왜 60대에
글쓰기 수업을 들었을까?

2006년 봄, 미국 캘리포니아 팔로알토에 있는 스탠퍼드대학교 캠퍼스. '창의적 글쓰기' 수업이 한창인 강의실에서 한 남자가 노트에 무언가를 바삐 적으며 수업에 집중하고 있다. 검은색 재킷을 걸치고 흰색 나이키 운동화를 신고 역시 흰색 나이키 모자를 눌러쓴 남자였다.

수업에 열중하는 모습은 다른 학생들과 다를 게 없었지만 한 가지 눈에 띄는 점이 있었다. 남자의 나이는 60대 후반. 같이 수업을 듣는 학생들의 할아버지뻘이었다. 젊은 시절 갖지 못했던 배움의 기회를 찾아 뒤늦게 대학교 문을 두드린 만학도일까? 아니면 은퇴 이후 새로운 지식을 얻기 위해 다시 학교를 찾은 걸까?

그 사정이야 어찌 됐든 이 남자는 젊은 학생들과 똑같이 공부했다. 다른 학생들처럼 매번 과제를 제출했고, 그런 뒤에는 함께 책상 앞에 둘러앉아 그 내용을 두고 토론했다. 가끔은 수업이 끝나고 젊은 학생들과 바에 가서 맥주를 즐기기도 했다. 그의 아내도 종종 이 자리에 함께했던 걸 보면 그가 진심으로 기쁜 마음으로 수업을 들었다는 걸 알 수 있다. 그는 이렇게 3학기 동안 영문학과 글쓰기 수업을 들었다.

그와 함께 수업을 들었던 벤 스틸먼은 그에 대해 "자기 이야기를 거의 하지 않았고 헤밍웨이의 작품을 무척 좋아했다"며 "그는 수업에 매우 열정적이었으며 강한 남성 캐릭터가 주인공으로 나오는 소설을 좋아했다"고 말했다.

그리고 1년 6개월쯤 지난 2007년 12월 3일, 미국 〈월스트리트저널〉에 한 편의 기사가 실렸다. '스탠퍼드대학교 미스터리: 흰색 나이키 운동화를 신은 나이 든 이 남자는 누구일까?Stanford Mystery: Who's the Old Guy In the White Nikes?'라는 제목의 기사였다.

대체 이 남자가 누구길래 대학교에서 수업을 듣는 것만으로 미국 최고의 경제 매체에서 그 이야기를 다룬 걸까? 힌트는 이미 주어졌다.

10년이 흐른 2016년, 미국에서 나이키 창업자 필 나이트의 자서전《슈독: 나이키 창업자 필 나이트 자서전Shoe Dog》이 출간됐다. 평소 대중매체에 자신의 개인적인 모습을 드러내는 걸 극도로 꺼리던 그였지만 책에선 자신의 지난 삶에 대해 숨김없이 적었다. 나이키를 창업하고 키워내면서 겪었던 수많은 경험은 물론이고, 결혼 전

사귀었던 옛 여자 친구와의 짧았던 연애 이야기까지 모조리 책에 담아냈다.

세계 최대의 스포츠 의류·용품 기업인 나이키 창업자가 자기가 겪은 모든 경험을 유쾌하고 흥미진진한 문체로 솔직하게 풀어낸 이 책이 출간과 동시에 베스트셀러가 된 건 당연하다. 글을 쓰고 싶다며 모교인 스탠퍼드대학교 영문학과 교수를 찾아가 조언을 구하고, 3학기 동안 수업을 들었을 정도로 열정을 쏟아부었던 노력이 보답을 받는 순간이었다.

필 나이트, 그는 세계 최고의 갑부 중 한 명이다. 해마다 발표되는 세계 부호 순위에 빠지지 않고 50위 안에 드는 인물이다. 재산이 수십조 원에 이르는 그에게 책을 팔아 버는 인세는 말 그대로 아무것도 아니다. 그의 시간 가치를 돈으로 환산한다면 책을 쓰는 데 시간을 들이는 건 오히려 금전적으로 손해를 보는 일이었다.

글쓰기는 결코 쉬운 일이 아니다. 특히 그처럼 500쪽이 넘는 책을 쓰는 건 더더욱 쉬운 일이 아니다. 《슈독》이 출간된 해 그의 나이는 78세였다. 70대의 필 나이트가 수많은 날을 홀로 컴퓨터 앞에 앉아 글을 썼다가 지우는 고행을 반복하는 장면을 상상해보라. 세계 최고의 갑부인 그는 왜 이런 고생을 자초했을까? 세상을 떠나기 전 자신의 삶을 기록으로 남기기 위해? 자신이 나이키를 창업해 성장시키면서 쌓았던 경험을 다른 이들과 나누기 위해? 자신의 철학을 후세에 전하기 위해?

그렇다. 이 모든 이유들 때문에 필 나이트는 글을 썼다. 자신의 인생을 기록으로 남기고, 자기 생각을 사람들에게 알리고 싶다는 욕구는 기본적인 본능과도 같다. 특히 이 모든 동기들이 한군데로 강하게 모일 때야말로 사람들이 글을 쓰기 시작하는 순간이다.

이번 장에서는 '글쓰기는 무형자산인 브랜드를 만들어냄으로써 자신의 가치를 높이는 최고의 방법'이라는 사실을 먼저 기억하기 바란다. 그럼 필 나이트를 시작으로 이를 증명해주는 몇몇 사례들을 살펴보자.

대학 육상 선수 출신의 스물네 살 필 나이트는 1962년 일본 고베에 있는 한 신발 회사를 찾아가 신발 수입 계약을 맺는다. 말이 수입이지 그가 처음 들여온 물량은 겨우 운동화 300켤레였다. 한 켤레에 3달러 33센트, 1,000달러어치다. 처음엔 이 1,000달러마저 없어서 아버지에게 빌려야 했다. "고작 신발 따위나 팔라고 내가 널 스탠퍼드 MBA에 보낸 줄 알아?"라는 싫은 소리를 들어가며 말이다. 이게 바로 나이키의 시작이다. 보따리장수로 시작해 세계 최대 스포츠 의류·용품 업체를 일궈낸 그를 '최고의 전략가'라고 부르는 건 결코 과장이 아니다.

나이키는 아디다스, 퓨마 등 기존의 강자들을 제치고 앞서 나가기 위해 자신이 이 회사들과는 다르다는 걸 사람들에게 알리는 일에 집중했다. 최고의 품질을 갖춘 제품을 만들기 위해 노력했음에도 고객들에게 다가갈 때는 품질이 아닌 자신만의 정체성을 내세웠다. 품질만으로는 결코 1등이 될 수 없음을 알고 있었기 때문이다. 나이키 광고에서 백인 남성 운동선수를 찾아볼 수 없는 건 브랜드 전략에 따른 결과물이다. 미국 사회의 메이저리티majority(주류)로 여겨지는 백인 남성 대신 흑인, 아시아인, 라틴계 선수와 여성 선수를 전면에 내세움으로써 기존 질서에 저항하는 새로운 도전자 나이키의 이미지를 사람들의 머릿속에 심었다.

세상에서 가장 유명한 광고 문구 "Just Do It" 역시 자신만의 브랜드를 만들기 위한 치열한 노력 끝에 나올 수 있었다. 이 한 문장이 오늘날까지 나이키에 얼마나 많은 돈을 벌어줬는지 생각해보면 브랜드야말로 나이키를 키워낸 핵심 가치였다는 사실을 알 수 있다.

창업자이자 CEO로서 수십 년 동안 나이키를 이끌었던 필 나이트는 자서전《슈독》을 씀으로써 회사의 브랜드를 더욱더 강력하게 만들겠다는 자신의 마지막 목표를 성공적으로 이뤄냈다. 창업자에게 기업은 곧 자기 자신이다.《슈독》은 필 나이트의 자서전이면서 나이키라는 기업이 걸어온 일대기다. 그는 누구보다 이 사실을 잘 알고 있었기에 자서전을 썼다.

그는《슈독》에서 자신보다 앞서 달리는 다른 선수들의 뒷모습을 바라보며 항상 좌절감을 느껴야만 했던 육상 선수 시절의 경험, 스탠퍼드 경영대학원에서 수업을 들으며 '일본에서 운동화를 수입해 팔자'는 아이디어를 얻게 된 계기, 무작정 일본 고베에 있는 오니츠카타이거(오늘날의 아식스)를 찾아가 자기에게 신발을 팔아달라고 통사정했던 일화, 집 지하실과 자동차 트렁크를 상점 삼아 신발을 팔던 모습 등 자신의 모든 삶을 그려냈다.

나는 서둘러 집으로 돌아와 지하실에서 박스를 열어보았다. 박스마다 운동화 30켤레가 각각 셀로판지에 포장되어 들어 있었다. 몇 분 뒤 지하실은 신발로 가득 찼다. 나는 그 신발들을 넋을 잃고 바라보았다. 신발을 샅샅이 들여다보고, 흥에 겨워 신발 위에서 몸을 데굴데굴 굴리기도 했다.

필 나이트는 처음 일본에서 들여온 신발을 보고 가슴 벅찬 감격 때문에 어쩔 줄 몰라 했던 스물여섯 살의 자기 자신을 이렇게 표현했다.

깨진 창문 틈으로 쉴 새 없이 찬 바람이 몰아쳐 들어오는 창고 건물에서 덜덜 떨면서 일해야 했던 기억, 신발 공급을 중단하겠다는 일본 제조업체의 통보 때문에 불안에 떨며 지내야 했던 시절, 은행에서 돈을 빌리지 못해 몇 번씩이나 속이 까맣게 타들어갔던 기억 등 '중소기업' 나이키를 경영하면서 겪어야 했던 온갖 고생과 설움도 그대로 담아냈다.

전략의 대가답게 필 나이트는 책 《슈독》을 통해 자신만의 브랜드를 만들어내는 데 성공한다. 자신이 걸어온 인생을 있는 그대로 보여줌으로써 자신은 그저 운 좋게 억만장자가 된 게 아니라고 말한다. 〈포브스〉 선정 '세계 100대 부자'와 여러 '글로벌 기업' 중에서도 자신과 자신이 만든 회사는 더 특별하다는 사실을 말이 아닌 경험으로 보여준다. 그는 '남과 다른 나'를 사람들에게 알리는 데 성공했다.

1962년 그날 새벽에 나는 스스로에게 이렇게 선언했다. '세상 사람들이 미쳤다고 말하더라도 신경 쓰지 말자. 멈추지 않고 계속 가자. 그곳에 도달할 때까지는 멈추는 것을 생각하지도 말자. 그리고 그곳이 어디인지에 관해서도 깊이 생각하지 말자. 어떤 일이 닥치더라도 멈추지 말자.

온갖 어려움을 이겨내며 자신의 꿈을 현실로 만들어나간 한 젊은 창업자의 이야기를 끝까지 읽고 나면 그를 좋아할 수밖에 없게 된다. 회사에 대한 이미지 역시 저절로 좋아지게 된다. 창업자가 걸어온 흥미진진하고 도전적인 스토리야말로 기업에 가장 강력한 브랜드 자산이 되는 이유다. 매력적인 창업자가 만든 회사가 멋지게 보이는 건 당연하다.

주인공이 직접 쓴 글보다
힘센 글은 없다

가끔은 아무리 돈이 많아도 명성이 없다면 이뤄낼 수 없는 일들이 있다. 돈에는 아무런 미련이 없는 세계 최고의 부호, 최고의 전략가일수록 브랜드, 평판, 명성 같은 무형자산의 중요성을 잘 알고 있다. 그리고 글이야말로 브랜드를 만들어내는 최고의 수단임을 잘 알고 있다.

우리가 돈을 잃을 수는 있습니다. 심지어 많은 돈을 잃어도 됩니다. 그러나 평판을 잃을 수는 없습니다. 단 한 치도 잃어서는 안 됩니다.

워런 버핏이 버크셔해서웨이의 계열사 경영자들에게 35년 동안이나 이 말을 반복하는 이유도 이 때문이다.

필 나이트, 워런 버핏뿐만이 아니다. 마이크로소프트 창업자 빌 게이츠, 브리지워터 어소시에이츠 창업자 레이 달리오, 파나소닉 창업자 마쓰시타 고노스케, 교세라 창업자 이나모리 가즈오, 스타벅스 명예 회장 하워드 슐츠, 넷플릭스 창업자 리드 헤이스팅스, 파타고니아 창업자 이본 쉬나드 등 최고로 불리는 창업자일수록 책 쓰는 일에 시간을 아끼지 않는다. 부동산 개발 회사를 운영하던 40대 초반의 도널드 트럼프는 《거래의 기술: 트럼프는 어떻게 원하는 것을 얻는가Trump: The Art of the Deal》 덕분에 단번에 미국 최고의 유명인이자 미래의 대통령 후보감으로 주목받을 수 있었다.

유형자산(돈)만 가지고 무형자산(브랜드)을 쌓기란 쉽지 않다. 아무리 돈이 많더라도 사람들에게 신뢰와 존경, 명예를 저절로 얻을 순 없다. 물론 유명해질 수는 있다. 패리스 힐튼처럼 '유명한 걸로 유명한 사람'이 되는 건 엄청난 돈과 사람들을 깜짝 놀라게 하는 기행만으로도 가능하다. 하지만 그저 유명한 것과 신뢰, 존경, 명예가 전혀 다르다는 사실은 누구나 안다. 사람들의 믿음을 얻고 싶다면 먼저 내가 누구인지부터 사람들에게 말해야 한다. 사람들은 모르는 사람을 믿지 않는다. 수많은 사람에게 내가 누구인지 가장 깊고 폭넓게 알리는 방법은 단 하나다. 바로 스스로에 대한 글을 쓰는 것. 당신에 대해 가장 잘 아는 사람은 당신이고, 당신이 누구인지 가장 잘 말할 수 있는 사람도 당신이다.

든든한 무형자산이 있다면 이를 지렛대 삼아 유형자산을 얻는 건 상대적으로 쉬운 일이다. 신뢰와 명성은 당신이 원하는 것을 손에 넣을 수 있도록 돕는 가장 크고 강력한 지렛대다. 세계 최고의 기업인들이 꾸준히 글을 쓰는 데는 이런 이유도 있다.

다시 필 나이트의 이야기를 해보자. 2018년 나이키가 전 세계에서 거둔 연간 매출은 391억 달러(약 46조 원)였다. 아주 단순하게 가정해보자. 많은 사람들이 필 나이트가 쓴 책을 읽고 나이키에 대한 이미지가 좋아져서 나이키 운동화를 더 많이 샀고, 덕분에 회사 매출이 1퍼센트 늘어났다고 말이다. 매출의 1퍼센트라고 하면 작아 보이지만 나이키 같은 규모의 회사라면 매우 큰 액수다. 매출이 1퍼센트 늘면 나이키는 4,600억 원을 더 벌게 된다. 0.5퍼센트만 늘어나도 2,300억 원이다.

세계 최대의 자산 운용사 브리지워터 어소시에이츠의 창업자 레이 달리오는 최근 몇 년 사이 두 권의 책 《원칙》과 《레이 달리오의 금융 위기 템플릿: 다가올 금융 위기를 대비하는 원칙 Big Debt Crises》을 펴냈다. 그의 투자 철학과 비즈니스 경험이 담긴 이 책들은 모두 베스트셀러가 됐다. 브리지워터가 전 세계 큰손들에게 투자를 받아 굴리는 운용 자산은 2020년 기준 약 1,600억 달러(약 189조 원)에 달한다. 책을 읽고 그의 투자 철학과 브리지워터의 운용 능력을 높이 평가하는 투자자들이 늘어나 브리지워터에 맡긴 투자금이 1퍼센트 늘어났다고 해보자. 브리지워터는 1조 8,900억 원을 더 운용할 수 있게 된다. 0.5퍼센트라고만 해도 9,450억 원이다.

막대한 부를 가지고 있는 기업인들이 기꺼이 시간을 들여 글을 쓰는 이유는 이처럼 브랜드야말로 부를 늘리는 가장 강력한 지렛대 가 될 수 있다는 사실을 꿰뚫어 보고 있기 때문이다. 무형자산의 축 적은 유형자산을 불리는 가장 효과적인 방법이다. 특히나 당신이 지금 회사를 운영하고 있거나 앞으로 창업을 준비하고 있다면 당신 은 지금 당장 글을 써야 한다.

만약 당신이 별달리 가진 게 없다면 당신은 반드시 글을 써야 한 다. 필 나이트나 레이 달리오처럼 막대한 부를 일군 인물이 아니라 가진 게 적은 이들일수록 더욱더 글을 써야만 한다. 글이야말로 아 무것도 가진 게 없는 사람이 자신이 원하는 것을 손에 넣을 수 있게 해주는 최고의 도구니까.

지금부터 변변하게 가진 것 없는 상황에서 글을 통해 자신만의 브랜드를 만들어내고, 사람들의 지지를 얻어 저 높이 솟구쳐 올랐 던 인물을 만나보겠다. 그의 모습을 살펴보면 '글쓰기야말로 최고 의 브랜딩 도구'라는 말의 뜻을 보다 정확하게 이해할 수 있다.

솔직한 글은
감동과 매력을 남긴다

1994년, 노무현은 《여보, 나 좀 도와줘》를 출간한다. '노무현 고백 에세이'라는 부제를 달고 있는 이 책의 표지에는 서류 가방에서 쏟아진 잡동사니들과 바닥에 주저앉아 어쩔 줄 몰라 하는 그의 모습이 1990년대풍의 유머러스한 캐리커처로 그려져 있다. 책 제목 그대로 누가 와서 좀 도와주기만을 바라는 모습이다. 보통 책들보다 작은 손바닥만 한 판형에 240쪽 분량의 그리 길지 않은 이 에세이집이 그의 첫 책이다.

노무현은 왜 이 책을 쓴 걸까? 여러 가지 이유가 있지만 가장 큰 이유는 '사람들에게서 잊히고 싶지 않다'는 절실한 마음이었다.

> 그런데 사람들은 나를 '청문회 스타'로만 알고 있지 이런 점은 잘 기억해주지 않는다. 사실 요즘은 그것만이라도 좋으니 기억만이라도 해주었으면 좋겠다는 생각마저 들지만…….

문장을 끝맺으면서 쓴 말줄임표에서 그의 간절한 마음을 엿볼 수 있다. 정치인에게 사람들의 기억에서 밀려난다는 것만큼 큰 고통도 없다. 불과 8년 뒤 대한민국 대통령에 당선되는 유력 정치인이 사람들에게 잊히지 않기 위해 책을 썼다고 하면 납득이 잘 안 될지도 모른다. 하지만 당시에는 그랬다.

이 책을 펴낸 1994년은 그가 14대 국회의원 선거에서 낙선한 지 2년째 되던 해였다. 방송으로 생중계된 5공 청산 청문회에서 군부 독재의 주역들에게 날카로운 질문을 퍼붓는 모습이 그를 '청문회 스타'로 만들었다. 하지만 이런 유명세에도 불구하고 그는 4년 뒤 치러진 선거에서 패배했다. 1994년 그는 돈에 쪼들리면서 부산에 있는 지구당 사무실을 겨우겨우 유지해가는 처지였다. 1년 넘게 당 최고 위원이 내야 하는 당비도 내지 못했을 정도다. 사실 그가 첫 책을 쓰게 된 또 다른 중요한 이유는 '돈'이었다.

> 오래전부터 글을 쓰고 싶었다. 청문회 직후에는 권하는 사람이 많 았다. 처음에는 우쭐하기도 하고 자랑도 하고 싶었다. 그다음에는 꼭 하고 싶은 말이 있어서 글을 쓰고 싶었다. 그러나 시간이 허락 하지 않았다. 그런데 요즈음 들어서는 책을 팔면 돈을 좀 만들 수 있을 것 같다는 말에 솔깃하며 이 글을 쓴다. 그래도 쓰는 김에 하 고 싶은 말을 좀 하고 싶은데 그런 딱딱한 이야기는 독자들이 읽 어주지 않는단다. 출판사의 주문이 까다롭다. 이건 빼라, 이런 이 야기를 넣어라. 어쨌든 팔리기나 좀 팔렸으면…….

만약 이때 그가 정치인 노무현으로서 살기를 포기하고 부산으 로 내려가 다시 변호사로 일했다면 별 어려움 없이 풍족한 삶을 누 리며 살았을 게 분명하다. 한때 청문회장을 주름잡았다는 무용담 을 간직한 채 말이다. 그렇게 살다가 몇 년 뒤 다시 국회의원 선거에 나와 당선됐을 수도 있다. 그랬다면 오늘날 우리가 알고 있는 대통령 노무현은 존재하지 않았을 테지만 말이다. 계속해서 정치인으로 사는 길을 택한 그는 이 무렵부터 자신만의 무기를 만들기 시작한다. 정치에서, 최소한 현실 정치에서 승리하기 위해 가장 필요한 건 '세勢'다. 어떤 상황에서든 자신을 지지해줄 자신만의 세력, 든든한 지지층을 만드는 일이야말로 정치적 야망을 실현하기 위한 첫걸음이다.

잠깐, 여기서 먼저 한 가지 짚고 넘어갈 게 있다. 나는 그의 지지자가 아니다. 그렇다고 해서 노무현이라고 하면 무조건 비난하는 사람도 아니다. 사실 열성 지지자가 되기에도, 극렬한 반대자가 되기에도 나는 너무 젊거나 또는 어리다. 노무현이 대통령에 당선되던 해에 고등학교 1학년이었으니 말이다. 지금 이 글에서 이미 세상을 떠난 한 정치인에 대해 길게 이야기하는 건 어떤 종류든 그에 대한 개인적 감정 때문은 아니다. 최근 수십 년간 한국에서 노무현만큼 글을 통해 성공적으로 브랜드를 쌓아나가고, 자신이 원하는 것을 얻어냈던 인물을 찾기 쉽지 않았다.

국회에 들어오기 전까지 그는 다른 대부분의 국회의원들과는 전혀 다른 삶을 살아왔다. 가난한 집안 형편 탓에 대학교에 진학하지 못했고, 사법시험을 준비하기로 마음먹은 뒤에도 돈을 벌기 위해 공사 현장을 전전하며 일용직 근로자로 일해야만 했다. 좋은 학벌과 거기서 생겨난 든든한 인맥, 그리고 집안의 탄탄한 재력까지 갖춘 다른 정치인들과는 상대가 되지 않는 처지였다. 그는 모든 면에서 자신보다 앞서 있던 사람들과 맞서야만 했다.

애초에 남들보다 불리한 조건을 안고 정치에 뛰어든 그였기에 남과 똑같은 방식으로 경쟁해서는 결코 이길 수 없다는 사실 역시 잘 알고 있었다. 그런 그가 자기만의 방식으로 싸워 이기기 위해 선택한 방법이 바로 글쓰기였다. 글을 통해 자신만의 브랜드를 만들어나가고, 이 브랜드를 바탕으로 자신을 응원하는 지지층을 만들어내겠다고 말이다.

《여보, 나 좀 도와줘》는 세상 사람들에게 자신이 어떤 삶을 살아왔는지, 자신이 정치에 뛰어든 이유는 무엇인지, 정치를 시작한 뒤 자신이 어떤 마음을 갖고 어떻게 행동했는지, 자신의 꿈과 목표는 무엇인지 알리기 위한 그의 첫 번째 시도였다.

겉으로는 "돈을 좀 만들 수 있을 것 같아 글을 썼다", "편안하게 주저앉아 있을 수는 없다는 생각에 펜을 들기로 마음먹었다", "잊히고 싶지 않아서 책을 썼다"는 등의 이유를 말했지만 그가 글을 쓴 진짜 이유는 자신만의 브랜드를 만드는 것이었다. 브랜드야말로 자기 자신을 국회의사당을 가득 메우고 있는 다른 국회의원들과 구별되는 존재로 만들어주는 가장 강력한 무기임을 알았기 때문이다.

노무현은 역대 한국 대통령 중에서 가장 읽기 쉬운 글을 썼던 인물로 꼽힌다. 유려하고 세련된 문체 대신 쉬운 단어와 표현으로 자기 생각을 논리 정연하면서도 읽기 편하게 풀어냈다. 그가 단독 저자로 돼 있는 책은 모두 일곱 권인데, 그중 그가 살아생전에 쓴 책은 《여보, 나 좀 도와줘》, 《노무현이 만난 링컨》, 《노무현의 리더십

이야기》, 이렇게 세 권이다. 나머지 책들은 모두 그가 세상을 떠난 뒤 평소에 써두었던 글들을 묶어서 펴낸 것이다. 살아생전 틈틈이 썼던 글들을 모아 여러 권의 책을 낼 수 있을 정도였으니 그가 얼마나 많은 글을 써왔는지 알 수 있다. 젊은 시절 울산에 있는 공사 현장에서 일하다 목재에 얻어맞아 이가 부러지고 입술이 찢어져 병원에 입원했을 때 울적한 마음을 달래려고 했던 일도 글쓰기였다. 병원에 있으면서 두 편의 단편소설을 남겼는데 고향 집에 보관해뒀던 원고는 잃어버렸다고 한다. 간호사를 짝사랑한 어느 젊은 '노가다'의 이야기다.

글 쓰는 일에는 누구보다 자신 있었던 그가 낙선 정치인이던 자신의 처지를 역전시키기 위한 수단으로 글을 택한 건 어찌 보면 자연스러운 일이다. 독서와 글쓰기를 즐겼던 만큼 글이 지니는 위력도 누구보다 잘 알고 있었으리라.

그는 《여보, 나 좀 도와줘》를 통해 자신의 정치적 정체성을 쌓아가기 시작한다. 그리고 "솔직하고 거침이 없다", "기존 엘리트 정치인들과는 완전히 다른 새로운 인물이다"라는 평가를 받으며 자기만의 브랜드를 만들어내는 데 성공한다. '바보 노무현'으로 상징되는 그의 정체성이 만들어진 곳이 바로 이 책이었다.

"변호사는 본래 그렇게 먹고삽니까?"

이 책의 첫 문장은 이러한 외침으로 시작된다. 그에게 10여 년 동안 두고두고 부끄러움과 후회를 남겼던 한마디다. 그가 변호사 사무실을 개업하고 나서 얼마 되지 않았을 때 한 아주머니가 찾아왔다. 사기 혐의로 구속된 남편의 변호를 의뢰하기 위해서였다. 구속되기는 했지만 사실 사건은 별것 아니었다. 당사자들끼리 잘 말해서 합의만 하면 재판까지 갈 필요도 없는 사소한 사건이었다. 변호사인 그가 이를 모를 리 없었다. 하지만 마침 그때 돈이 떨어져서 쩔쩔매던 노무현은 모른 척 사건을 맡았다. 일단 의뢰인을 접견하면 사건 의뢰를 취소한다고 해도 돈을 돌려주지 않아도 됐기에 아주머니가 사무실을 나가자마자 노무현은 바로 구치소로 달려가 그 남편을 만났다.

다음 날 아주머니가 찾아와 당사자끼리 합의를 봤다며 계약금 60만 원을 돌려달라고 요구했다. 그는 속으로는 미안했지만 "어제 남편을 접견했기 때문에 변호사 수임 규정에 따라 돈을 돌려줄 수 없다"고 버텼고 결국 몇 시간의 실랑이 끝에 아주머니는 눈물을 흘리면서 사무실을 나갔다. "변호사는 본래 그렇게 먹고삽니까?"라는 한마디를 남기고서. 울면서 사무실을 나가던 아주머니의 뒷모습은 그에게 지워지지 않는 부끄러움으로 남았다.

한동안 나는 그 일을 잊고 살았다. 그러다 훨씬 뒤 내가 인권 변호사로 활약하면서 언제부터인지 그 아주머니에 대한 기억이 나를 따라다니기 시작했다. 내가 법정에 서서 주먹을 흔들며 양심을 거론할 때는 어김없이 그 아주머니의 얼굴이 나를 지켜보는 것이었다. 그리고 국회의원이 되고 이른바 청문회 스타가 되고부터는, 그 아주머니가 던진 말 한마디가 가슴에 꽂힌 화살처럼 더욱 큰 고통으로 다가왔다. 돈에 탐 안 내고 인권 변호사로서 오로지 사회정의를 위해 헌신해온 사람이라고 신문이나 잡지에 기사가 나갈 때마다, 어디선가 그 아주머니가 그 글을 읽고 있지나 않을까, 나는 가슴을 졸이곤 했다.

아무도 알지 못하는 자신의 잘못을 솔직히 고백하며 용서를 구하는 건 용기가 없다면 할 수 없는 일이다. 인권 변호사, 청문회 스타, 깨끗한 정치인이라는 명성을 갖고 있던 그에게 돈 몇 푼에 눈이 어두워 불쌍한 아주머니를 등쳐먹었던 과거를 밝히는 건 더더욱 쉬운 일이 아니다. 남의 불행을 이용해 돈이나 우려내는 악덕 변호사를 좋아할 유권자는 아무도 없으니 말이다.

하지만 그는 누가 강요하지도 않았는데 먼저 이 사실을 말한다. 아니, 아예 이 과거를 고백하는 걸로 책을 시작한다. 자신의 잘못을 밝히고 용서를 구하는 자만이 진정 큰 신뢰를 얻을 수 있음을 본능적으로 알고 있었던 것이다.

승부사로 불리는 그답게 그는 글에서도 모험을 한다. 자신의 부끄러웠던 과거를 털어놓음으로써 오히려 더 큰 믿음을 얻어낸다. 어떻게든 자기 자신을 과장하고 뽐내려는 그저 그런 정치인들과 달리 그는 가장 지우고 싶은 기억을 맨 앞에 끌어내 사람들에게 공개하고, 이를 통해 사람들에게 강렬한 인상을 남긴다.

나는 이 한마디에 담겨 있는 부끄러운 기억을 먼저 끄집어내는 것
으로 나의 이야기를 시작하려 한다. 그렇지 않고서는 아무런 이야
기도 할 수 없기 때문이다. 내가 이 이야기를 숨기는 한, 내 삶의
어떠한 고백도 결국 거짓일 수밖에 없기 때문이다.

이렇게 시작되는 글을 읽는다면 앞으로 이어질 이야기에는 단 한
점의 거짓도 섞여 있지 않다고 믿을 수밖에 없다. 이 정도 잘못까지
밝힐 만큼 솔직한 사람이라면 신뢰할 수 있다고 생각하게 된다. 이
렇게 '바보 노무현'이라는 브랜드가 만들어지기 시작한다. 돈에 쪼
들리던 낙선 정치인이 역전의 발판을 만들어내는 순간이다.

이렇게 만들어진 브랜드가 그의 이후 정치 인생에 얼마나 큰 도
움이 됐는지 짐작하는 건 어렵지 않다. 그는 한국 정치 역사상 최초
로 대중적 팬덤을 만들어낸 정치인이다. 자신의 이해관계와 정치적
이유 때문에 그를 지지하는 게 아니라 노무현이라는 사람에게 끌려
서 그를 응원하고 따르는 팬들을 만들어냈다. 덕분에 그는 대통령
이 됐다. 선거에서 낙선하고 축 늘어진 채 지내던 그가 8년 뒤 대통
령이 될 수 있었던 첫걸음은 바로 글이었다.

역량을 어필할 수 있는
최고의 수단

남보다 더 높이 뛰어오르고 싶다면 무엇을 해야 할까? 간단하다. 먼저 남과 달라야 한다. 다른 이들과 똑같이 생각하고 행동하면서 남들과 다른 삶을 살고 싶어 한다면 그건 욕심일 뿐이다. 인풋input (투입) 없이 아웃풋output(산출)이 나올 수 있다는 말은 어떤 상황에서든 거짓말이다. 남보다 더 노력해서 남보다 더 뛰어난 능력을 갖추는 것만으로는 충분하지 않다. 더 중요한 건 당신이 남과 다르다는 걸 다른 사람들이 알아줘야 한다는 것이다. 당신의 능력이 아무리 탁월하다고 해도 다른 사람들이 이를 모른다면 당신의 재능과 노력은 아무런 가치도 없다. 최소한 사회적 성공의 영역에서는 그렇다. 중요한 건 남들에게 당신의 가치를 인정받는 것이다.

세상 모든 상품의 가치는 결국 시장에서 평가된다. 세상에 이름을 알리고 싶다면 먼저 이 냉정한 현실부터 받아들여야 한다. 자신도 사람들에게 선택을 받아야만 하는 상품이라는 사실을 인정하는 일이야말로 자신만의 고상한 골방에서 벗어나 더 넓은 세계로 뛰어드는 첫걸음이다. 쓸데없이 높기만 한 자존심이나 오만 때문에 이 사실을 받아들이지 못하겠다면 그냥 자신만의 골방에 머물러 있으면 된다.

최고의 리더들은 자신이 원하는 것을 이루기 위해선 자기 역시 상품이 돼야만 한다는 사실을 누구보다 잘 알고 있다. 그렇기에 그들은 자신만의 브랜드를 만들려고 그토록 노력한다. 먼저 자기 자신이 다른 경쟁자들보다 훨씬 더 큰 가치를 가져다줄 수 있는 상품임을 보여줘야만 사람들에게 선택을 받을 수 있기 때문이다.

그래서 정치·경제·사회·문화·예술 등 사회 여러 분야 중에서도 특히 정치 분야에서 활동한 큰 리더들 가운데 뛰어난 작가를 여럿 발견할 수 있다. 정치만큼 한 개인이 상품으로써 자신의 가치를 다른 사람들에게 알리고, 자신을 선택해달라고 사람들을 설득해야만 하는 분야도 없기 때문이다.

글을 통해 자신만의 브랜드를 쌓아가고 사람들의 지지를 얻어, 결국 최고의 자리에 오를 수 있었던 사례는 한국뿐 아니라 미국에서도, 아니 미국에서야말로 훨씬 더 쉽게 찾아볼 수 있다. 이에 대해 알아보기 위해 시간을 거슬러 영국 런던으로 떠나보자.

2차 세계대전이 연합국의 승리로 마무리돼가던 1945년 6월, 독일군의 폭격으로 시내 곳곳이 폐허로 변해버린 영국 런던에 스물여덟 살의 젊은 미국 기자 한 명이 도착한다. 키 183센티미터의 호리호리한 체격에 푸른 눈과 금발이 매력적인 청년이었다. 미국 허스트 미디어그룹 소속 특파원이었던 그는 전쟁의 시뿌연 포연이 채 가시지 않은 유럽 대륙의 모습과 앞으로 펼쳐질 미래의 모습을 독자들에게 알리기 위해 대서양을 건넜다.

나이는 젊었지만 그의 경력은 이미 화려했다. 2차 세계대전 당시 해군 장교로 복무했던 그는 고속 어뢰정 PT109의 정장으로 임명돼 태평양 전선의 최일선에서 일본군과 맞서 싸웠다. 일본군 구축함의 기습 공격으로 배가 격침되는 위기를 겪었지만 위험을 무릅쓰고 부하들을 구출해낸 공로로 무공훈장을 받은 전쟁 영웅이었다. 정신을 잃은 부하 병사의 허리띠를 입에 문 채 6킬로미터 넘는 바다를 헤엄쳐 그를 구출해낸 덕분이었다.

그는 이미 널리 알려진 베스트셀러 작가이기도 했다. 하버드대학교 4학년에 재학 중이던 1940년에 쓴《영국은 왜 잠자고 있었나^{Why England Slept}》는 2차 세계대전이 일어난 이유를 입체적이면서도 생생하게 풀어낸 덕분에 전쟁이 터진 뒤 수많은 이들에게 읽혔다. 스무 살이던 1937년 여름에 유럽 각국을 돌아다니며 각 나라의 정치 지도자, 고위 장성, 관료들과 나눴던 대화 내용과 직접 눈으로 확인했던 급박한 정세를 바탕으로 전쟁의 원인을 치밀하게 분석해낸 책이었다. 그가 세상에 처음으로 이름을 알렸던 순간이다.

실제로 이 젊은 기자는 전쟁 발발 직전 전쟁이 곧 시작될 것임을 미국 정부에 공식적으로 알렸던 인물이었다. 1939년 8월 친구와 함께 나치 독일의 베를린을 여행하다 독일군에게 체포될 뻔한 위기를 겪었던 그는 온 나라가 전쟁의 광기에 휩싸여 있던 독일의 분위기를 감지하고 "독일이 일주일 안에 전쟁을 일으킬 것"이라는 비밀 메시지를 주영 미국 대사이던 아버지에게 전달한다. 그리고 9월 1일 나치 독일이 폴란드를 침공하며 유럽 대륙은 6년 동안 전쟁에 휩싸이게 된다.

그가 군대에서 예편하자마자 곧바로 특파원으로서 유럽으로 건너갔던 건 잿더미에 파묻힌 유럽의 미래를 예측하는 데 그만큼 능력이 뛰어난 인물이 없었기 때문이다. 전쟁을 예견한 식견과 판단력을 이제는 미래의 큰 흐름을 내다보는 데 쓸 시간이었다.

영국을 시작으로 독일, 프랑스, 아일랜드 등 유럽 각국을 돌아다니며 취재한 그는 본국에 보낼 기사와는 별도로 자신만의 견문록을 작성하기 시작했다. 객관적인 사실과 매일 벌어지는 사건들을 전달하는 기사와는 달랐다. 이 글에는 종전 이후 한 치 앞도 내다볼 수 없는 혼란에 빠져들었던 당시의 국제 정세에 대한 그의 전망이 고스란히 담겼고, 그의 예측은 대부분 현실이 됐다. 종전을 계기로 창설된 UN(국제연합)이 결국 말잔치만 난무하는 공허한 모임이 될 것이라는 회의적인 시각과 얼마 뒤면 핵무기를 갖게 될 미국과 소련 사이에 벌어질 냉전에 대한 예측이 그의 선견지명을 보여준다.

> 마지막으로 훨씬 더 중대한 문제는 강대국 중 어느 나라도 최종 분석에 따라 전쟁이냐 평화냐를 결정하는 일을 안전보장이사회에 파견된 대표의 손에 맡기지 않을 것이기 때문에 이사회의 권한이 겉돌 수밖에 없을 것이라는 점이다. (중략) 미소 분쟁은 너무나 끔찍해서 글자 그대로 그것을 사용하는 모든 나라의 파멸을 불러올 수도 있는 무기(당시 맨해튼 프로젝트를 통해 비밀리에 개발되고 있었던 원자폭탄을 가리킴)를 마침내 개발함으로써 무한정 지연될 가능성도 있다. 따라서 전쟁의 공포에 지대한 공헌을 해온 과학은 전쟁을 억제하는 수단으로도 여전히 유효할 것이다.

그가 남겼던 견문록이 책으로 출간되는 데는 정확히 50년이라는 시간이 걸렸다. 그가 세상을 떠나고 수십 년이 흐른 뒤였다. 그는 유럽에서 돌아오고 1년 뒤 하원 의원에 당선되며 정치에 입문했다. 그때 유럽에서 취재하는 동안 작성했던 원고를 자신의 부하 직원이 었던 디어더 핸더슨에게 맡긴다. 1995년, 노년에 접어든 핸더슨 여사는 보관하고 있던 원고를 묶어 책을 한 권 펴낸다. 제목은 《리더십의 서곡Prelude to Leadership》. 훗날 세계 최고의 리더가 되는 인물의 젊은 시절을 기록했다는 뜻이다. 이 책은 우리나라에서 《대통령이 된 기자: 케네디의 유럽 취재 일기Prelude to Leadership》라는 제목으로 출간됐다. 지금껏 얘기한 스물여덟 살 젊은 기자의 이름은 존, 미국의 35대 대통령 존 F. 케네디다.

에이브러햄 링컨, 시어도어 루스벨트처럼 글로 명성을 떨쳤던 백악관의 앞선 주인들처럼 케네디 역시 글솜씨로는 누구에게도 뒤지지 않는 인물이었다. 스물세 살에 대학 졸업논문으로 썼던 글이 책으로 출간돼 베스트셀러가 됐고, 대통령이 되기 전에 《존 F. 케네디의 용기 있는 사람들Profiles in Courage》이란 책으로 최고의 작가에게만 주어지는 퓰리처상을 손에 쥐었으니 말이다.

사실 인생이 원하는 대로 흘러갔다면 우리는 그를 정치인이 아닌 뛰어난 작가나 역사학자로 기억하고 있을지도 모를 일이다. 그것이 젊은 시절 그가 꿈꿨던 미래의 모습이었으니까 말이다. 미국에서도 알아주는 대부호 가문의 둘째 아들로 태어난 그는 본래 세상에서 한 걸음 떨어져 문장과 문장, 단어와 단어 사이를 여행하는 작가로서의 삶을 꿈꿨다. 하지만 폭격기 조종사로 2차 세계대전에 참전했던 그의 형이자 집안의 장남인 조지프 케네디가 1944년 작전 중에 사망하면서 그는 인생의 항로를 돌려야만 했다. 아들을 대통령으로 만들겠다는 아버지의 열망에 충실히 부합하는 삶을 살았던 형의 죽음으로 아버지와 가문의 기대는 차남이었던 케네디에게로 향한다.

케네디 역시 자신을 향한 아버지와 가족들의 기대에 적극적으로 응했다. 어린 시절부터 미국은 물론 세계 주요 국가들의 정치 지도자들과 만나왔던 그의 내면엔 정치에 대한 열망이 강하게 자리 잡고 있었다. 작가를 꿈꿔왔던 젊은 이상주의자에게 정치에 뛰어드는 건 자신의 이상을 현실 세계에서 실현할 수 있는 기회였다. 기자로서 유럽에 다녀온 이듬해인 1946년 그는 매사추세츠주 하원 의원에 당선되며 정치인으로서의 삶을 시작한다. 이후 그에게 어떤 인생이 펼쳐졌는지는 누구나 알고 있다. 1960년 민주당 후보로 대선에 출마한 그는 공화당 후보 리처드 닉슨을 꺾고 대통령이 된다.

대통령을 목표로 한 걸음 한 걸음 나아가던 1956년 그는 책을 한 권 내놓는다. 1954년 10월, 10대 시절부터 그를 괴롭혔던 고질병인 허리 통증을 치료하기 위해 척추 수술을 받은 그는 몇 달 동안 꼼짝없이 병원에서 지내야 했다.

그는 이 시간을 자신이 그토록 쓰고 싶었던 글을 쓰는 데 투자한다. 이때 나온 책이 그에게 퓰리처상 수상의 영광을 안겨준《용기 있는 사람들》이다. 케네디는 다음과 같은 문장으로 책을 시작한다.

이것은 인간의 미덕 중 가장 귀중한 것인 '용기'에 관한 책이다. 어니스트 헤밍웨이는 용기란 말을 '수난 밑에서의 기품'이라고 정의했다. 그리고 이것은 여덟 명의 미합중국 상원 의원들이 겪은 고난과 또한 그들이 가진 기품을 바탕으로 이를 극복해낸 이야기다.

그의 말처럼 이 책은 존 퀸시 애덤스, 대니얼 웹스터, 토머스 하트 벤턴, 샘 휴스턴 등 미국 역대 상원 의원 여덟 명이 걸어온 길과 그들을 만든 결정적인 순간을 담아내고 있다. '용기 있는 사람들'이라는 제목처럼 이 여덟 명은 대중의 비난과 동료들의 조롱에도 불구하고 자신의 신념을 꺾지 않았던 인물들이다.

불과 5년 뒤 세계 최고의 권력자가 되는 서른여덟 살의 야심만만한 젊은 상원 의원이 세상을 떠난 지 길게는 150년 가까이 된 앞선 정치인들에 대한 전기를 쓴 이유는 무엇일까? 그 이유는 내적인 동기와 외적인 동기로 나눠서 살펴볼 수 있다. 첫째, 작가와 역사학자를 꿈꿨던 그에게 미국 정치사에 커다란 발자취를 남긴 고독한 거인들에 대한 글을 쓰는 일은 그 자체로 큰 즐거움을 주는 일이자 꼭 해내야만 하는 책무였다. 둘째, 어떤 어려움이 닥치더라도 신념을 꺾지 않는 지도자가 되겠다는 열망 역시 그에게 펜을 들게 했다. 그로서는 글을 쓰는 일이 존경하며 닮기를 바라는 인물들을 떠올리며 그들처럼 살아가겠다고 스스로 다짐하는 과정이었다.

그들 사이의 차이가 어떠한 것이었건 간에 여기에 다시 전기가 소개되는 미국의 정치가들은 하나의 영웅적 특질, 즉 '용기'를 다 같이 가지고 있었다. 나는 그들의 생애, 그들이 자신들의 생애를 바친 이상, 그들이 내세우고 싸우면서 지켜낸 주의, 그들의 덕망과 그들의 죄악, 그들의 꿈과 그들의 환멸, 그들이 얻은 칭송과 그들이 견뎌낸 비난 들을 엮기로 했다. 이 모든 것은 글로써 엮어지는 것이다.

그에겐 반드시 글을 써야만 하는 또 다른 이유가 있었다. 그는 글을 통해 미국인들, 그중에서도 오피니언 리더라고 불리는 식자층에게 자신이 국가를 이끌어나갈 경륜과 능력, 결단력을 갖춘 대통령감임을 입증하려 했다. 젊고, 훤칠한 외모와 쾌활한 성격으로 대중들의 인기를 얻는 데 성공한 그였지만, 때로는 그런 이미지가 대통령이 되기엔 너무 어리고 가볍다는 인상을 사람들에게 심어줬다. 연륜 있는 지도자를 원하는 사람들일수록 그를 세상 물정 모르는 철부지 부잣집 도련님으로만 바라봤다. 막대한 재산을 가진 집안에서 태어난 덕분에 손에 물 한번 묻히지 않았을 애송이를 세계 최고의 권력자로 만들 수는 없다는 분명 타당한 근거를 갖춘 반대였다. 케네디 직전 미국 대통령은 드와이트 아이젠하워였다. 연합군 사령관으로서 2차 세계대전을 승리로 이끈 오성장군 출신 대통령의 뒤를 잇기에 케네디는 너무 어리고 경험이 부족하다는 게 정치권과 오피니언 리더층의 생각이었다.

평범한 정치인이었다면 이런 상황에서 어떤 판단을 내렸을지 쉽게 짐작할 수 있다. 때가 오기를 기다리며 조용히 자신의 능력과 경험을 쌓는 길을 택했을 게 분명하다. 하지만 케네디는 그러지 않았다. 자신에게 국가를 이끌어갈 능력이 이미 충분하다고 확신한 그는 숨죽이며 기다리는 대신 사람들의 생각을 바꾸기로 결심한다. 케네디는 사람들이 자신을 과소평가했음을 인정하게 만들려 했다. 글을 통해 자신의 비전과 목표, 국가관, 판단력과 사고력을 공개함으로써 대중과 오피니언 리더층에게 자신을 검증해줄 것을 공개적으로 요구한다.

케네디는 사람들에게 작가로서의 역량은 물론 역사관, 정치관, 사명감 등 국가를 이끌어가는 지도자로 선택받는 데 필요한 여러 자질을 있는 그대로 공개한다. 내가 누구이며, 어떤 생각을 지니고 있는지 솔직히 이야기할 테니 내가 지도자가 될 만한 인물인지 아닌지 평가해달라는 요구였다. 《용기 있는 사람들》은 그가 미국 사회에 선보이는 자기소개서와 같은 책이었다.

정치인에게 글을 쓰는 건 적지 않은 위험 부담을 감당하는 일이다. 말은 시간이 지나면 금세 흩어지지만 활자로 고정된 글은 시간이 지나도 변치 않기 때문이다. 설익은 글을 섣불리 내놨다간 두고두고 비웃음을 사게 된다. 자신이 글로써 표현했던 신념을 지키지 못할 경우 많은 이들에게 실망감을 안기게 된다. 하지만 케네디는 썼다. 큰 리더는 글을 쓴다. 자신의 신념을 앞으로도 계속해서 지켜나갈 수 있다는 확신이 있었기 때문이다. 케네디가 인생의 롤 모델로 삼았던 윈스턴 처칠이 평생 수많은 글을 쓰고 노벨 문학상까지 수상했던 탁월한 작가였던 것도 우연이 아니다.

경험과 통찰이 담길 때
살아 숨 쉬는 글이 된다

하워드 슐츠 스타벅스 명예 회장은 미국에서 손꼽히는 글 쓰는 경영자다. 한창 스타벅스의 성장을 이끌던 1990년대부터 지금껏 《스타벅스, 커피 한잔에 담긴 성공 신화Pour Your Heart into It》, 《온워드: 스타벅스 CEO 하워드 슐츠의 혁신과 도전Onward: How Starbucks Fought for Its Life without Losing Its Soul》, 《그라운드 업: 스타벅스 하워드 슐츠의 원칙과 도전From the Ground Up》, 이렇게 세 권의 책을 썼고, 이메일이 보급되기 전부터 편지로 직원들에게 자기 생각을 전해왔다.

최고의 리더들에겐 한 가지 공통점이 있다. 누군가를 평가하는 기준으로 그가 쌓아 올린 높이가 아니라 그가 헤쳐 나와야만 했던 깊이를 먼저 본다는 것이다. 부모에게 물려받은 200층짜리 초고층 빌딩에 1개 층을 더 쌓아 올린 사람보다는 땅속 깊숙한 지하 50층에서 시작해 스스로의 힘으로 한 층 한 층 다지며 올라와 지상 2층짜리 아담한 집을 지은 사람을 더 뛰어난 인물이라고 인정한다는 말이다.

하워드 슐츠 역시 마찬가지다. 특히 그는 자기 자신부터가 앞이

3장_브랜딩: 남과 다른 나를 위해 쓴다

제대로 보이지 않는 지하 깊숙한 곳에서 시작해 스스로의 힘으로 오늘날의 성과를 만들어낸 인물이다.

그가 처음 스타벅스와 인연을 맺은 건 1981년이었다. 스웨덴계 가정용품 회사 해마플라스트의 부사장으로 일하던 그는 시애틀에 있는 조그만 커피 원두 판매점에서 드립 커피를 내리는 커피 추출기를 매번 대량으로 구매한다는 사실을 발견하고 호기심을 느꼈다. 매장이 겨우 네 개에 불과한 작은 회사가 주문하는 수량이 큰 백화점 프랜차이즈보다 더 많았기 때문이다.

답을 찾기 위해 시애틀로 향한 그가 처음 방문한 곳은 미국에서 가장 오래된 수산 시장 파이크 플레이스 마켓 한편에 자리 잡은 스타벅스 1호 매장이었다. 당시만 해도 스타벅스는 음료는 팔지 않고 오직 커피 원두만을 판매하는 곳이었다. 인도네시아의 수마트라, 케냐, 에티오피아, 코스타리카 등 세계 곳곳에서 들여온 다양한 품종의 커피 원두들이 진열대를 가득 채우고 있었다. 커피 품종이 이렇게 많다는 사실을 처음 알게 된 하워드 슐츠의 눈에는 스타벅스 매장의 모든 것이 이국적이고 신기하게만 느껴졌다.

매장에서 나와 커피 원두를 볶는 로스팅 공장을 둘러본 그는 스타벅스 창업자들과 저녁 식사를 함께하며 이 회사 앞에 커다란 기회가 놓여 있음을 바로 직감했다. 그는 스타벅스 커피의 맛과 향이 인스턴트커피에 익숙한 자신의 혀와 코를 사로잡았다면 다른 미국 소비자들의 사정도 마찬가지일 것이라고 생각했다. 따라서 앞으로 고급 커피 시장이 커지게 되면 스타벅스는 지금까지와는 비교할 수 없는 속도로 성장할 수 있으리라 확신했다.

다음 날 다섯 시간 동안 비행기를 타고 뉴욕으로 돌아오면서 나는 스타벅스에 대한 생각을 멈출 수가 없었다. 그것은 반짝이는 보석처럼 보였다. 나는 물 같은 기내 커피를 한 모금 먹어보고는 얼른 치워버렸다. 나는 가방에서 수마트라 커피 원두를 꺼내 뚜껑을 열고 그 그윽하고 자극적인 냄새를 가득히 들이마셨다. 나는 의자 뒤로 몸을 기대고 갈등하기 시작했다.

스타벅스 매장을 방문한 지 1년이 지난 1982년, 하워드 슐츠는 다니던 직장을 그만두고 마케팅 이사로 스타벅스에 합류한다. 5년 뒤인 1987년에는 기존 경영자들에게서 스타벅스를 인수한다. 그가 회사를 인수한 1987년 8월 18일은 오늘날 우리가 알고 있는 새로운 스타벅스가 탄생한 날이다. 만약 하워드 슐츠가 인수해서 재창조하지 않았다면 스타벅스는 오늘날에도 여전히 시애틀 안에서만 영업하는 조그만 원두 전문점으로 남았을 것이다. 하워드 슐츠가 스타벅스의 사실상의 창업자로 불리는 이유다.

그렇다면 하워드 슐츠가 자신이 걸어온 삶에 대한 글을 쓰는 이유는 무엇일까? 그가 인생을 살아오면서 겪었던 경험과 이를 통해 배울 수 있었던 것을 글로 써서 사람들에게 알리겠다고 마음먹은 건 언제일까? 단순히 자신의 자수성가 스토리를 알리고 싶었을 뿐이라면 굳이 책을 세 권이나 쓸 필요는 없었을 것이다. 그는 거의

10년에 한 권씩 책을 냈는데 그가 이렇게 정기적으로 책을 통해 독자들과 만나는 이유는 무엇일까?

이 책《최고의 리더는 글을 쓴다》의 저자로서 감사하게도 하워드 슐츠는 자신의 첫 책 서문에 "결코 책을 낼 계획이 없었던" 자신이 책을 쓰게 된 세 가지 이유를 명확히 밝히고 있다. 이 내용을 읽어보면 그가 어떤 생각으로 책을 쓰는지 뚜렷하게 확인할 수 있는데, 이를 소개하기 전에 먼저 첫 책이 나오기 3년 전 그가 겪었던 놀라운 경험에 대해 알아보자. 그에게 한 편의 글이 갖는 위력을 처음 실감하게 해준 사례니까 말이다.

1994년 12월 하워드 슐츠 앞으로 미국 각지에서 보내온 편지들이 몰려든다. 거의 대부분 아이들을 키우고 있는 어머니들이 보낸 편지였는데 편지들에 가장 많이 등장한 단어는 '꿈dream'과 '희망hope'이었다. 편지들에는 공통점이 하나 더 있었다. 편지를 보내온 지역 대부분이 미국 각지에서 매우 가난한 동네로 꼽히는 곳들이라는 것이었다. 그가 어린 시절과 청소년기를 보냈던 브루클린 카니지의 베이뷰 지역을 포함해서 말이다.

그 며칠 전 〈뉴욕타임스〉는 스타벅스의 성공 비결을 분석한 기획 기사를 실었다. 기사에는 뉴욕의 빈민가 소년이었던 하워드 슐츠가 어떻게 지금의 자리에 오를 수 있었는지가 생생하게 담겨 있었다.

하워드 슐츠는 그 전까지 자신의 과거를 숨기지도 않았지만 일부러 말하고 다니지도 않았다. CEO로서 회사 경영만 잘하면 되지 굳이 자기 자신이 어떻게 살아왔는지 강조할 필요는 없다고 생각했기 때문이다. 그의 힘겨웠던 성장 과정이 전국적인 영향력을 가진 매체에 소개된 건 이때가 처음이었다.

저마다 서로 다른 사연들이었지만 편지들의 결론은 똑같았다. 하워드 슐츠에 대한 기사를 읽고 자기 자신은 물론 자녀들도 비록 지금은 힘들지만 언젠가는 더 나은 삶을 살아갈 수 있다는 꿈과 희망을 품게 됐다는 내용이었다. 그들에게 하워드 슐츠의 삶은 희망의 증거였다. 얼굴 한번 본 적 없는 수많은 사람에게서 진심으로 고맙다는 이야기를 듣게 된 하워드 슐츠는 무슨 생각을 했을까? 세 아이만큼은 어떻게든 대학에 보내고 싶은데 그럴 능력이 없어서 고민했던 자신의 어머니를 떠올리진 않았을까?

> 최근 뉴욕에 여행 갔을 때, 20년 만에 처음으로 전에 살던 베이뷰 아파트 구역을 한번 둘러보았다. 입구 쪽에 총알구멍이 나 있고 버저 판 위에 불탄 자국이 있긴 했지만 그리 나빠 보이지는 않았다. 내가 살 때는 에어컨도, 창문의 철창도 없었다. 옛날의 내가 그랬듯이 한 떼의 아이들이 모여서 농구 경기를 하고, 한 젊은 엄마는 유모차를 밀고 지나가고 있었다. 한 소년이 나를 보고 있는 동안 나는 생각했다. 과연 이 아이들 중 누가 이 비참한 환경을 뚫고 나와 자기 꿈을 성취할까?

어머니들의 편지를 받고 3년 뒤, 하워드 슐츠는 자신의 첫 책을 내놓는다. 힘겨웠던 자신의 어린 시절을 떠올리는 내용으로 시작하는 책이었다. 3년 전 읽었던 편지들은 그가 글을 쓰기로 결심하는 데 어떤 영향을 끼쳤을까?

최고의 리더들은 자신과 자신의 비전을 설명하려 하지 않는다. 그저 증명할 뿐이다. 최고의 리더들이라면 누구나 알고 있는 한 가지 사실이 있다. 자기 자신만이 볼 수 있는 진정한 자신과 세상 사람들이 바라보는 자신은 다르다는 것이다.

사람은 누구나 자신이 할 수 있다고 생각하는 것으로 자기 자신을 판단한다. 세상 사람들은 오직 당신이 이미 이뤄낸 것만을 보고 당신을 판단한다. 냉정하지만 과거에도 그래왔고 앞으로도 그러할, 변하지 않는 현실이다.

가슴을 가득 채운 꿈, 담대한 비전, 미래의 주인공이 될 자신의 모습. 당신이 스스로를 평가할 때 사용하는 기준들이다. 비록 지금은 보잘것없지만 언젠가는 마음속에 품고 있는 담대한 꿈을 이룰 것이라 생각하기에 당신은 스스로를 믿고 앞으로 나아갈 수 있다.

하지만 안타깝게도 당신의 꿈과 희망, 비전, 야망은 당신을 제외한 그 누구에게도 보이지 않는다. 당신이 얼마나 원대한 꿈을 가졌는지, 이를 실천하기 위해 얼마나 구체적인 계획을 세웠는지 다른 사람들은 보지 못한다. 아니, 사실 세상 사람들은 당신이 무슨 꿈을 가졌는지 별 관심이 없다. 사람들은 오직 당신이 이미 이뤄낸 것만을 보고 당신을 평가할 뿐이다.

평범한 사람들은 이 때문에 좌절하며 세상을 원망한다. "내가 이렇게 위대한 꿈을 품고 있는데 세상 사람들이 나를 몰라준다"며 한탄만 하면서 시간을 흘려보낸다.

최고의 리더는 다르다. 사람은 애초에 다른 사람들의 꿈과 비전을 들여다볼 수 없는 존재라는 사실을 알고 있기에 세상이 자신을 몰라준다고 원망하지 않는다. 대신 세상이 자신의 진정한 가치를 알아볼 수 있도록 실천을 통해 자신의 꿈을 증명해낸다. 이처럼 생각을 말하는 게 아니라 이뤄낸 결과물을 보여주는 것이야말로 세상 사람들에게 진정한 나를 인식시키는 방법이란 걸 그들은 잘 안다.

누군가를 평가하는 데 있어 눈에 보이는 결과뿐만이 아니라 그가 가진 꿈과 비전, 철학도 중요한 기준으로 삼아야 한다는 말은 옳다. 하지만 현실에선 이뤄질 수 없다. 사람들은 거의 대부분 오로지 눈에 보이는 결과만으로 누군가를 평가한다. 이건 앞으로도 변하지 않을 것이다.

최고의 리더들은 '세상은 이래야 한다'는 당위와 '세상은 실제로 이렇다'는 현실을 구분하는 능력이 있다. 당위에 매몰돼 현실을 무시해서는 결코 아무것도 이룰 수 없다는 것을 너무나도 잘 알고 있다. 그렇기에 누구보다 담대한 꿈을 가진 이들일수록 말보다는 실천으로 자신을 증명하려 한다.

글을 쓸 때도 그렇다. 최고의 리더들은 결코 생각만을 나열한 공허한 글을 쓰지 않는다. 그들은 자신이 직접 몸으로 부딪치며 겪었던 경험과 이를 통해 얻어낸 성과에 바탕을 둔 살아 있는 글을 쓴다. 사람들을 설득하는 가장 좋은 방법은 누구든 눈으로 확인할 수 있는 증거를 보여주는 것이라는 사실을 알고 있기 때문이다. 그렇기에 그들이 쓴 문장은 설명하지 않고 보여준다.

최고의 리더들이 쓴 책의 공통점은 쉽게 읽힌다는 것이다. 아무것도 없는 상태에서 창업해 큰 회사로 키우기까지 겪어야 했던 수많은 위기와 실패, 고심 끝에 내려야 했던 어렵고 복잡한 결정들이 계속해서 이어지는 책이지만 읽는 게 어렵지는 않다.

어려운 어휘와 표현을 사용하지 않고 쉬운 문장으로 썼기 때문만은 아니다. 문장이 쉽다고 해서 공허하고 추상적인 개념들로 가득한 책이 쉽게 읽히진 않는다. 그들의 책이 쉽게 읽히는 이유는 이론이 아닌 경험으로 말하기 때문이다. 자신이 살면서 어떤 일들을 겪었고, 그런 경험을 통해 무엇을 배웠으며, 그렇게 배운 교훈을 다음 기회에 어떻게 활용했는지 있는 그대로 보여주니 쉽게 읽힌다.

하워드 슐츠 역시 자신이 살아온 모습을 보여주기 위해 글을 썼다. 첫 책의 서문을 쓰는 순간에도 그는 책을 쓰기에는 아직 이른 시점이라고 생각했다. 자신이 꿈꾸는 스타벅스가 20개의 챕터로 이뤄진 한 권의 책이라면 자신과 회사는 이제 겨우 세 번째 챕터에 머물고 있을 뿐이라고 생각했다. 하지만 자신이 어떻게 살았고, 숱한 인생의 기로에서 어떤 선택을 했으며, 자신의 선택을 후회하지 않기 위해 어떤 노력을 해왔는지 솔직히 들려주는 것만으로도 과거의 자신과 같은 환경에서 살아가는 수많은 어린이와 청소년에게 희망을 불어넣을 수 있다는 사실을 깨달았기에 그는 책을 썼다.

이 책을 쓴 궁극적인 목적은 다른 사람들이 비웃는다 할지라도 포기하지 말고 계속해서 마음속에 있는 뜻을 추구하고 인내하는 용기를 갖도록 사람들에게 확신을 불어넣는 데 있다. 부정적인 사람들 때문에 패배감을 느끼면 안 된다. 역경이 두려워서 시도조차 하지 않아서도 안 된다. 빈민촌 출신인 어린 내가 헤쳐나갔던 그 역경들을 생각해보라.

하워드 슐츠의 첫 책은 유명한 책에서 인용한 문장이나 명언으로 각 챕터를 시작한다. 첫 번째 챕터의 시작은 "제대로 볼 수 있는 건 마음이야. 본질적인 것은 눈에는 보이지 않는 법이지"라는 《어린 왕자》의 문장이다. 만약 그가 생텍쥐페리의 팬이라서 이 문장을 인용한 것이라면 생텍쥐페리가 남긴 이 말 역시 분명 알고 있었을 것이다.

만일 당신이 배를 만들고 싶다면 사람들을 모아 목재를 가져오게 하고 일을 나누고 할 일을 지시하지 말라. 대신 저 넓고 끝없는 바다에 대한 동경심을 키워주어라.

하워드 슐츠, 그가 글을 쓴 이유이자 글을 씀으로써 이뤄낸 일이다. 지금까지 글쓰기야말로 나를 남과 다르게 만들고, 남과 다른 나를 세상에 알리는 최고의 브랜딩 도구인 이유와 그와 관련된 생생한 사례를 살펴봤다. 최고의 리더들은 신뢰와 존경, 애정이라는 무형자산이 지니는 힘을 그 누구보다 깊이 이해하고 있고, 이 같은 무형자산을 만드는 유일한 방법은 자기 자신에 대한 글을 직접 쓰는 것뿐이라는 사실 역시 알고 있다. 그 인물에 대해 다룬 글들이 제아무리 많은 신문과 잡지, 책으로 쏟아진다고 해도 주인공이 직접 쓴 글보다 힘센 글은 없다. 그렇기에 최고의 리더는 스스로 글을 쓴다. 그들에게 글을 쓴다는 건 남이 감히 침범하지 못하는 자신만의 영토를 만들기 위한 크고 높은 브랜드 장벽을 쌓는 일이다.

글쓰기를 최고의 브랜딩 도구로서 활용해야 하는 건 회사를 경영하는 기업인과 국민의 선택을 받아야 하는 정치인에게만 해당하는 내용이 아니다. 오늘보다 더 나은 내일을 꿈꾸는 이라면, 사람들에게 자기 생각을 당당히 드러내고 싶은 사람이라면 반드시 글을 써야 한다.

4장

마케팅

상품을 팔기 위해 쓴다

Writing for Leaders

마케팅:
상품을 팔기 위해 쓴다

최고의 리더는 자신의 상품을 팔기 위해 글을 쓴다. 손에 잡히는 상품이든, 무형의 서비스든, 아이디어든, 철학이든 최고의 리더는 자신의 상품을 팔기 위해 글을 쓴다. 글쓰기는 사람들이 당신의 상품을 원하게 만드는 최고의 마케팅 도구다. 마케팅의 기본은 파는 것이다. 매스 마케팅이니 감성 마케팅이니 콘텐츠 마케팅이니 여러 말들이 있지만 모든 마케팅은 팔기 위해 존재한다. 팔지 않을 거라면 많은 돈과 시간을 들여 마케팅을 할 이유가 없다.

《블루오션 전략Blue Ocean Strategy》, 《포지셔닝Positioning: The Battle for Your Mind》, 《보랏빛 소가 온다Purple Cow: Transform Your Business by Being Remarkable》, 《컨테이저스 전략적 입소문Contagious: Why Things Catch On》 같은 비즈니스·마케팅 분야 명저들이 전하는 말도 한마디로 요약하면 "이대로 따라 하면 상품을 많이 팔 수 있다"라는 문장으로 정리된다. 다양하고 흥미로운 사례와 혁신적인 이론들로 가득 찬 책들이지만 이를 통해 이 책들이 말하고자 하는 것은 결국 소비자들에게 상품을 많이 파는 방법이다. 팔아야만 남기고, 남겨야만 살아남을 수 있다. 이 진리에서 벗어나 있는 사람은 그 누구도 없다. 유형의 상품이든, 아이디어든, 철학이든, 개인의 시간과 노동력이든, 아니면 자기 자신 그 자체든 우리는 모두 저마다의 상품을 팔면서 인생을 살아간다.

이번 장에서는 마케팅을 아주 단순하게 '상품을 더 많이, 더 높은 가격에 팔기 위해 하는 모든 행동'이라고만 정의하겠다. 다시 강조하지만 글쓰기야말로 최고의 마케팅 도구다. 특히 이제 막 시작한 신생 기업일수록 글을 통한 마케팅은 비용 대비 훨씬 큰 효과를 발휘한다.

기업뿐 아니라 개인에게도 마케팅은 스스로의 가치를 높일 수 있는 최고의 수단이다. 업무 능력이 동일하더라도 꾸준히 글을 써서 자신의 능력을 다른 사람들에게 알려온 사람과 그렇지 않은 사람은 가면 갈수록 다른 대접을 받는다. 이른바 전문직이라고 불리는 업종의 종사자들일수록 더욱더 열심히 글을 쓰려고 하는 건 이 같은 사실을 알고 있기 때문이다. 본래부터 소득이 높은 전문직 직종이지만 글을 써서 자신을 알리고 자신을 마케팅하는 데 성공하면 훨씬 더 큰 소득을 만들어 낼 수 있다. 회사원들 역시 글을 씀으로써 자신의 몸값을 올릴 수 있는 건 물론이다. 글을 통해 자신의 가치를 회사 밖 사람들에게도 인정받게 되면 그저 일만 할 때보다 훨씬 더 빠른 속도로 당신의 가치를 올릴 수 있다.

스토리텔링의 힘은 강하다

지금부터는 한 편의 짧은 글을 쓰기 위해 반년 가까이 고민했고 이렇게 완성한 글을 통해 엄청난 유·무형의 이익을 얻어냈던 최고의 리더를 만나보자. 오늘날 세계에서 가장 높은 기업 가치를 자랑하는 회사의 창업자인 그에게도 글쓰기는 결코 쉽지 않은 일이었다. 평소 알고 지내던 유명 작가에게 도움을 요청했다가 거절당한 그는 결국 다른 사람들과 마찬가지로 답답한 마음으로 책상 앞에 앉아 홀로 키보드를 누르며 글을 썼다 지우는 일을 반복해야만 했다. 그리고 이런 고생 끝에 탄생한 이 글은 역대 최고의 대학교 졸업 연설로 불리게 된다. 아마 당신도 유튜브나 SNS에서 한 번쯤 접해봤을 연설문이다. 글의 내용 전부를 알지는 못해도 연설 마지막 부분의 한 문장은 분명 들어봤을 것이다.

"Stay hungry, Stay foolish(늘 갈망하고 우직하게 나아가라)."

이번 이야기의 주인공은 애플 창업자 스티브 잡스다. 그가 2005년 스탠퍼드대학교 졸업식에서 연설할 연설문을 쓰기 위해 겪었던 과정을 살펴보면 글쓰기가 그와 같은 최고의 리더에게도 결코 쉽지 않은 일이었다는 사실을 알 수 있다. 또한 정성을 기울여 쓴 한 편의 글이 만들어내는 마케팅 효과가 얼마나 큰지도 확인할 수 있다. 애초에 잡스는 회사와 제품을 마케팅하기 위해 글을 쓴 게 아니었다. 대학을 졸업하고 사회에 진출하는 졸업생들을 격려하려고 했을 뿐 그 외의 다른 목적은 없었다. 하지만 이 글은 마케팅의 귀재 스티브 잡스가 수십 년 동안 집행했던 그 어떤 광고와 홍보 캠페인, 그가 무대 위에서 선보였던 그 어떤 프레젠테이션보다도 애플이 추구하는 가치를 사람들의 머리와 가슴에 선명히 각인시켰다. 의도하진 않았음에도 그는 이 연설을 통해 최고의 마케팅 성과를 거둘 수 있었다. 지금부터 한 편의 글이 최고의 마케팅 도구가 될 수 있었던 이유를 살펴보겠다.

2005년 초 잡스는 스탠퍼드대학교 측으로부터 6월에 있을 졸업식에서 연설을 해달라는 제안을 받는다. 본래 그는 애플의 제품을 소개하는 발표 자리가 아니고선 무대에 서지 않았지만 이때만큼은 제안을 수락한다. 2003년 10월 처음 암 진단을 받고 남모르게 병과 싸워야 했던 그에게 막 사회에 나서는 20대 졸업생들 앞에서 하는 연설은 그동안 자신이 걸어온 삶을 되돌아보는 기회이기도 했다.

거침없이 직설적인 성격으로 유명한 그답게 연단에 오르자마자 졸업을 축하한다는 말 같은 의례적인 인사는 생략한 채 바로 자기 인생의 세 가지 이야기를 들려주겠다는 말로 연설을 시작한다.

그는 연설의 앞부분에서 젊은 미혼모에게서 태어나 자신을 길러준 양부모에게 입양되기까지의 과정, 어렵게 들어간 대학을 스스로 그만뒀던 이유, 서체 수업을 청강하며 배웠던 지식이 나중에 매킨토시를 개발할 때 어떤 도움이 되었는지 등 자신이 젊은 시절에 경험했던 일들을 찬찬히 풀어냈다.

> 내 인생에 있어서 내가 무엇을 하고 싶은지 알 수 없었고, 대학이 그것을 깨닫게 하는 데 얼마나 도움이 될 수 있을지도 몰랐습니다. 그리고 저는 부모님이 평생 모아온 돈을 다 쓰고 있었습니다. 그래서 모든 것이 잘될 거라고 믿고 자퇴를 결심했습니다. 그 당시에는 매우 두려웠지만 뒤돌아보면 그건 제 인생 최고의 결정 중 하나였습니다. 학교를 그만둔 이후 재미없는 필수과목들을 듣는 것을 그만둘 수 있었고, 보다 흥미 있는 강의를 찾아 들을 수 있었습니다.

그가 들려줄 세 가지 이야기 중 인생의 점을 연결하는 것에 대한 첫 번째 이야기였다. 순간순간 내렸던 각각의 선택들, 그 점들이 모여 인생이라는 하나로 연결된 기다란 선이 완성된다는 뜻이었다.

> 그렇게 꼭 낭만적인 것만은 아니었습니다. 제겐 기숙사 방

이 없었기 때문에 친구네 방 바닥에서 자기도 했고, 음식을 구하려고 5센트짜리 콜라병을 팔기도 했습니다. 매주 일요일 밤이면 하레 크리슈나 사원에서 제공하는 음식을 얻기 위해 마을을 가로질러 7마일(약 11킬로미터)씩 걷기도 했습니다. 제겐 모두 좋은 시간이었습니다.

이어서 그는 사랑과 상실에 관한 두 번째 이야기로 들어간다. 스무 살의 나이에 친구 스티브 워즈니악과 함께 집 차고에서 애플을 설립해 10년 만에 4,000명이 일하는 기업 가치 20억 달러 규모의 회사로 키웠지만, 서른 살에 자신이 만든 회사에서 쫓겨나야만 했던 이유를 설명한다. 자신의 유일한 사랑이었던 애플을 잃었던 순간에 대한 이야기였다.

"어른이 된 다음부터 인생을 다 바쳤던 모든 것들이 한순간에 사라졌기에 그때는 정말 참담한 심정이었습니다. 몇 개월 동안은 무엇을 해야 하는지조차 모르고 지냈었습니다"라며 애플에서 내쫓기며 느꼈던 감정을 있는 그대로 털어놨다.

그다음 이런 좌절을 딛고 3D 애니메이션 제작사인 픽사와 PC 제조업체인 넥스트를 창업해 다시 한번 큰 성공을 거두고, 이런 성과를 바탕으로 자신이 떠난 뒤 엉망진창이 돼버린 애플로 복귀할 수 있었던 과정에 대해서도 담담하게 설명했다. 자신이 창업한 회사에서 쫓겨나면서 겪어야 했던 끔찍했던 시간이야말로 과거보다 더 나아진 자신과 애플을 만들 수 있었던 밑바탕이었다는 말도 빼놓지 않았다.

이런 경험은 끔찍한 맛의 약을 삼키는 것과 같았지만 저에게는 이런 경험이 필요했었던 것 같습니다. 이따금 삶이 당신을 배신할지라도 결코 믿음을 잃지 마십시오. 저는 제가 하는 일을 사랑했던 것이야말로 저를 계속해서 움직이게 했던 유일한 원천이었다고 확신합니다. 여러분은 자신이 진정으로 사랑하는 일이 무엇인지 찾아야만 합니다.

지금까지 살펴본 연설 내용만으로는 스티브 잡스가 이 연설을 준비하는 데 별달리 큰 노력을 들였을 것 같지 않다. 그저 자기가 태어나서 어떻게 살아왔는지를 순서대로 차근차근 풀어내는 내용이니 굳이 원고가 필요했을 것 같지도 않다. 연단에 서서 즉석에서 생각나는 대로 이야기하는 것만으로 이처럼 뛰어난 연설을 남길 수 있었으니 역시 프레젠테이션의 대가는 다르다고 생각할 수도 있을 것이다.

하지만 사실은 그렇지 않다. 스티브 잡스는 A4 용지 넉 장 분량의 그다지 길지 않은 이 연설문 원고를 완성하는 데 반년 가까이 고민에 고민을 거듭했다. 그에게도 글쓰기는 결코 쉬운 일이 아니었다.

2005년 초 스탠퍼드대학교의 연설 제안을 수락한 스티브 잡스는 곧바로 평소 알고 지내던 할리우드의 유명 시나리오 작가 아론 소킨에게 도움을 구한다. 아론 소킨은 드라마 〈웨스트 윙〉과 영화 〈어퓨 굿 맨〉, 〈머니볼〉, 〈소셜 네트워크〉의 대본을 쓴 스타 작가다. 스티브 잡스가 세상을 떠난 뒤에는 그를 다룬 영화 〈스티브 잡스〉의 시나리오 집필을 맡았을 정도로 평소 스티브 잡스와 친하게 지냈다. 잡스가 소킨의 도움을 받는다면 학생들에게 들려줄 멋진 연설문을 어렵지 않게 쓸 수 있으리라 생각했던 것도 당연하다. 하지만 아론 소킨의 도움을 받아 손쉽게 연설문을 쓰겠다는 스티브 잡스의 계획은 실현되지 못했다. 연설 제안을 수락한 이후 몇 가지 생각을 정리해 아론 소킨에게 보냈음에도 소킨에게서는 아무런 답장도 없었다.

> 2월이었는데 아무 소식이 없기에 4월에 다시 메시지를 보냈더니 "아, 그거요" 하더군요. 그래서 몇 가지 생각을 더 보냈습니다. 결국 전화까지 했는데 계속 "알았다"라고만 하더라고요. 그러다 6월 초가 되었는데도 그는 아무것도 보내지 않았지요.

졸업식이 코앞에 닥친 6월 초까지도 아론 소킨에게서 원고를 받지 못했던 스티브 잡스는 마음이 타들어갔다. 천하의 스티브 잡스에게도 제대로 된 원고 없이 수천 명 앞에 서는 일, 특히 이제 막 사회로 진출하는 젊은이들의 앞날을 축복해주는 연단에 서는 일은 끔찍한 것이었다. 결국 잡스는 스스로 글을 쓸 수밖에 없었다.

사실 잡스는 본래부터 모든 프레젠테이션의 원고를 스스로 작성해왔다. 애플의 신제품을 소개하는 프레젠테이션 자리에서 검은 터

틀넥 스웨터와 청바지 차림의 그가 연단 위를 누비며 했던 모든 말은 그가 미리 써둔 원고에 담겨 있던 그대로였다. 그는 무대 위에서 자신이 이렇게 말하면 청중들이 어떤 반응을 보일지 치밀하게 계산해가며 원고를 썼고, 리허설을 통해 원고를 다듬어나갔다. 즉흥적이고 자연스럽게만 보이는 잡스의 발표는 사실은 그 누구보다도 꼼꼼한 사전 준비 덕에 그렇게 자연스러운 모습으로 보일 수 있었다. 연단 위에서 그가 한 모든 행동은 작은 손짓 하나에 이르기까지 치밀한 계산과 수없는 반복, 수정이 만들어낸 결과물이었다.

여기서 짚고 넘어가야 할 게 한 가지 있다. 아론 소킨이 잡스의 부탁을 거절한 이유는 무엇일까? 애초에 서로 잘 알고 지냈으니 그에게 연설문 작성을 부탁했을 테고, 아론 소킨에게 A4 용지 몇 장에 불과한 글을 쓰는 건 그다지 어려운 일도 아니었다. 특히 스티브 잡스처럼 흥미진진한 인생을 살아온 사람의 삶에 대해 말하는 글이라면 더욱더 쉽게 쓸 수 있었을 것이다. 하지만 아론 소킨은 잡스의 요청을 거절했다. 잡스가 계속 연락해서 도움을 구해도 제대로 답하지 않는 방법으로 스티브 잡스 스스로 글을 쓰게 만들었다. 잡스는 결국 졸업식을 얼마 남겨두지 않은 어느 날 밤 책상 앞에 앉아 글을 써 내려갔고, 이렇게 해서 15분 남짓 이야기를 들려줄 연설문 원고를 완성할 수 있었다.

아론 소킨은 알고 있었다. 잡스가 이미 뛰어난 작가라는 사실을. 자신이 도와줌으로써 더 매끈하고 세련된 글이 나올 수는 있어도 잡스가 스스로 쓴 글보다는 울림이 덜하리라는 것을. 최고의 글은 스스로를 생각의 늪으로 밀어 넣는 고난을 통해서만 나올 수 있다는 사실을 할리우드 최고의 시나리오 작가는 알고 있었다. 그래서 일부러 잡스의 연락을 피하며 그가 스스로 글을 쓸 수밖에 없는 상황을 만들어냈다. 만약 아론 소킨이 잡스 대신 연설문을 썼다면 스티브 잡스의 스탠퍼드 졸업식 연설이 그토록 많은 사람에게 감동을 주고, 역대 최고의 졸업 연설로 불리지는 못했을 것이다.

앞서 말했듯, 잡스는 세 가지 이야기를 들려주겠다는 말로 연설을 시작했다. 불안했지만 동시에 희망이 가득했던 젊은 시절의 기억과 애플에서 쫓겨나면서 겪었던 고통스러웠던 경험이 각각 첫 번째와 두 번째 이야기의 주제였다. 그리고 이어서 들려준 세 번째 이야기는 아론 소킨이 아니라 노벨상 수상 작가라도 쓰지 못했을, 잡스가 직접 글을 쓰지 않았다면 세상에 나오지 못했을 이야기였다. 세 번째 이야기의 주제는 죽음, 잡스가 살면서 죽음에 가장 가까이 갔던 순간의 이야기였다.

2003년 10월 췌장암 진단을 받은 이후 잡스는 졸업식 연설을 위해 연단에 오르기까지 고통스러운 항암 치료와 수술을 견뎠다. 잡스는 암에 걸렸다는 사실을 처음 알았던 순간을 다음처럼 담담히 이야기했다.

> 의사는 거의 치료할 수 없는 종류의 암이라고 말했습니다. 또 길어야 고작 3개월에서 6개월밖에 살 수 없다고도 했습니다. 의사는 집으로 돌아가 주변을 정리하라고 말했습니다. 죽음이 찾아올 걸

대비하라는 의사들만의 암호 같은 표현이었습니다.

이어서 그는 다행히도 자신이 걸린 췌장암은 수술로 치료가 가능한 매우 희귀한 종류의 췌장암이어서 다른 환자들과 달리 병을 이겨낼 수 있었다고 말했다.

거짓말이었다. 졸업식 연단에 올라 젊은이들 앞에서 연설하던 그 순간 잡스는 자신의 몸에 암이 자리 잡고 있음을, 췌장에서 시작된 암이 이미 간으로까지 전이돼 치료하기가 더 힘들어졌음을 알고 있었다. 수천 명의 청중 앞에서 "저는 수술을 받았고 감사하게도 지금은 완치됐습니다"라고 말하는 그 순간에도 암은 그의 몸을 갉아 먹고 있었다.

그가 졸업식 연설에서 왜 굳이 자신의 건강 상태에 대해 거짓말을 했는지 그 이유는 잡스 자신만이 알 것이다. 남한테 지는 걸 죽기보다 싫어하고 자신의 약점을 드러내는 걸 무엇보다 꺼리던, 오만할 정도로 당당했던 그였기에 자신이 죽어가고 있음을 남들 앞에서 인정하지 못했을 것이다. 실제로 그는 이날 연설에서뿐 아니라 대부분의 사람들과 언론에도 병이 완치되었다고 거짓말을 했다. 잡스의 몸에 여전히 암 덩어리가 자리 잡고 있음을 알고 있던 이들은 가족과 매우 절친한 친구 몇몇에 불과했다.

하지만 그가 이날 연설에서 거짓말을 한 건 그서 자신이 아프다는 사실을 말하고 싶지 않았기 때문만은 아니다. 애초에 아무도 그에게 건강 상태에 대해 말해달라고 요구하지 않았으니 말이다. 그냥 말하지 않고 넘어갔으면 될 일인데 그가 굳이 병이 다 나았다고, 자신은 죽음에서 멀찌감치 벗어났다고 말한 이유는 무엇일까? 이어지는 연설문의 내용을 보면 그 이유를 짐작해볼 수 있다.

누구도 죽기를 원하지 않습니다. 천국에 가고 싶어 하는 사람들도 그곳에 가기 위해 죽고 싶어 하지는 않습니다. 그리고 죽음은 우리 모두가 공유하는 최종 목적지입니다. 그 누구도 죽음을 피할 수는 없습니다. 그리고 반드시 꼭 그래야만 합니다. 왜냐하면 죽음이야말로 삶이 만든 최고의 발명품일지 모르기 때문입니다. 죽음이란 삶의 또 다른 모습입니다. 죽음은 새로운 세대들에게 길을 내주기 위해 앞선 세대들을 데리고 갑니다. 지금 이 순간에는 여러분이 새로운 세대입니다. 그러나 얼마 지나지 않아 여러분도 점차 구세대가 되어 사라져갈 것입니다. (중략) 너무 극적으로 들렸다면 죄송하지만 사실이 그렇습니다. 시간은 한정돼 있습니다. 그러므로 다른 사람의 삶을 사느라 당신의 시간을 의미 없게 낭비하지 마십시오. 다른 사람들의 생각에 맞춰 살아가는 삶, 도그마에 빠진 삶을 살지 마십시오. 다른 사람들의 의견은 소음에 불과합니다. 그들의 의견이 여러분 내면의 목소리를 가로막도록 내버려두지 마십시오. 당신의 마음과 직관에 따른 용기 있는 삶을 사는 것이 가장 중요합니다. 이미 여러분의 마음과 직관은 여러분이 진짜로 되고 싶어 하는 게 무엇인지 잘 알고 있습니다. 그 밖의 모든 것은 부차적인 존재일 뿐입니다.

연설하는 동안에도 그의 몸속에선 암세포가 자라고 있었다는 사실을 알고 있는 우리는 잡스가 이 말을 졸업생들뿐 아니라 자기 스스로에게도 들려주고 있다는 사실을 눈치챌 수 있다. 50세의 잡스는 자신의 삶이 젊은 시절 생각했던 것보다 더 일찍 끝나버릴 수 있다는 사실을 떠올리며 어느 밤 홀로 책상 앞에 앉아 글을 적어 내려갔다.

누구도 죽음을 원하지 않지만 새로운 세대들에게 자리를 내주기 위해 우리 모두는 언젠가 이 세상을 떠나야 한다는 말은 죽음 앞에 서서 두려움을 느끼고 있는 자기 자신을 위로하기 위한 말이었다. 스스로의 마음과 직관에 따른 삶을 살아야 하며, 그 이외의 모든 것은 부차적인 것일 뿐이라는 말은 죽기 직전까지 자신이 원하는 대로 살아가겠다는 다짐이었다. 그리고 죽음이라는 주제를 이야기했던 건 어쩌면 자신이 전하고 싶은 메시지를 보다 명료하게 전달하려면 자신이 암에 걸렸다가 치유됐다고 말하는 게 더 낫다고 생각했기 때문일지도 모른다. 스탠퍼드대학교 졸업식은 그가 자신의 건강 상태에 대해 (비록 사실과 다른 내용을 말하긴 했지만) 대중들에게 공개적으로 밝힌 첫 번째 자리였다.

죽음의 근처까지 갔다가 살아 돌아온 이가 "자신의 마음과 직관을 따른 용기 있는 삶을 살라"고 말할 때 새로운 삶을 시작하는 젊은 세대에게 더 큰 울림을 주리라 생각했던 것은 아닐까? 극도의 완벽주의와 미학적 완결성을 추구했던 스티브 잡스였기에 자신의 글과 연설에 독자들과 청중들이 100퍼센트 공감하도록 했던 연출은 아니었을까?

그가 세상을 떠난 지 9년이 지난 2020년 애플은 미국 상장 기업 중 최초로 시가총액이 2조 달러(약 2,300조 원)가 넘는 기업이 됐다. 2조 달러면 한국과 캐나다, 러시아 각각의 연간 국내총생산^{GDP}보다도 큰 금액이다. 1997년 그가 다시 애플의 CEO로 복귀했을 때만 해도 애플은 망하기 일보 직전이었다. 그렇지 않았다면 자신들이 야멸차게 쫓아냈던 창업자를 다시 불러들이지도 않았을 것이다. 그리고 그는 세상을 뜨기 전까지 14년 동안 애플을 지휘하며 자신의 첫 번째 회사를 세계 최고 기업의 반열에 올려놨다.

오늘날 애플이 시가총액 2조 달러의 세계 최고의 기업이 될 수 있었던 데는 스티브 잡스에 대한 대중들의 호감, 더 나아가 숭배에 필적하는 존경이 매우 큰 역할을 했다는 사실은 누구도 부정할 수 없다. 사람들이 애플 제품을 구매한 건 단순히 그 품질이 뛰어나서만은 아니다. 수많은 사람이 혁신과 도전을 멈추지 않는 스티브 잡스의 철학을 따르고 그를 지지하기 위해 애플의 제품을 구매했다. 애플이 자신들만의 충성 고객 집단을 만들 수 있었던 가장 큰 비결은 스티브 잡스라는 한 명의 개인에게서 찾을 수 있다.

전 세계 대중들에게 스티브 잡스라는 인물의 이미지를 뚜렷이 각인시키는 데는 스탠퍼드대학교 졸업 연설이 큰 역할을 했다. 잡스의 연설을 담은 영상은 지금 이 순간에도 유튜브에서 계속 재생되며 그가 걸어온 삶과 그의 철학을 사람들에게 알리고 있다. 앞으로도 이 영상은 계속해서 재생되며 스티브 잡스 개인은 물론 그의 분신인 애플에 대한 대중들의 호감을 높여갈 것이다. 단 한 푼도 들이지 않고 회사의 브랜드를 널리 알리고, 충성 고객을 만들어낼 수 있으니 애플로서는 이보다 더 좋은 마케팅 수단도 없다.

스티브 잡스의 스탠퍼드대학교 졸업식 연설뿐만 아니다. 스티브 잡스는 물론 애플에 대해 다룬 수많은 책들을 보면 스토리텔링이야말로 상품을 판매하는 가장 위력적인 마케팅 수단이라는 사실을 알 수 있다. 자신의 상품을 팔기 위해 글을 써야 하는 숨은 이유를 찾아낼 수 있다. 기술 수준이 평준화되면서 더 이상 품질만으로는 상품을 차별화하기 힘든 세상이 됐고, 나와 경쟁자들을 구분 짓는 데는 품질보다도 스토리가 더 중요해졌다.

애플이 처음 아이폰을 내놨을 때만 해도 세상에 스마트폰은 오직 아이폰 하나뿐이었고 애플은 새로운 시장을 만들어낸 대가로 막대한 이익을 독차지할 수 있었다. 새로운 시장을 창조한 블루오션^{blue ocean}의 개척자에겐 거대한 이익이 따르는 법이다. 하지만 처음에는 오직 혼자서만 그물이 터질 만큼 많은 물고기를 잡을 수 있던 블루오션도 금세 핏빛 레드오션^{red ocean}으로 변하고 만다. 엄청난 이익을 빨아들이는 개척자의 모습을 본 다른 경쟁업체들이 너 나 할 것 없이 새로운 시장에 뛰어들기 때문이다. 평화는 잠시뿐, 블루오션이 레드오션으로 변해버리는 건 언제나 시간문제다. 스마트폰과 같은 전자 제품이든, 옷이든, 음식이든, 온라인 서비스든, 어느 시장이든 마찬가지다.

이미 출시된 제품을 분석해 그와 비슷한 상품을 만들어 시장에 내놓는 건 그리 어렵지 않은 일이다. 경쟁업체들 역시 연구·개발에 큰 투자를 하고 있고, 대부분의 산업에서 메이저 업체들 사이의 기술 격차는 그다지 크지 않다. 일반 소비자를 대상으로 하는 B2C 산업 영역에서는 특히 그렇다. 업체들의 기술력이 평준화돼 있어서 혁신적인 상품이 등장하더라도 얼마 안 가 반드시 비슷한 상품이 나오기 마련이다.

애플도 그랬다. 스마트폰이 출시된 지 얼마 안 돼 삼성전자, LG전자, 화웨이, 샤오미 등 대부분의 휴대전화 제조 브랜드들이 제각각 자신들의 상품을 갖고 시장에 뛰어들었다. 시간이 흐를수록 아이폰과 다른 경쟁사들이 내놓는 스마트폰의 품질 격차도 빠르게 줄어들었다. 성능만을 기준으로 놓고 보면 대부분의 스마트폰들이 비슷비슷한 수준이 됐다.

무섭게 뒤쫓아오는 경쟁업체들을 따돌리기 위해 애플은 다양한 전략을 내놨다. 아이튠즈와 앱스토어처럼 오직 애플 제품으로만 이용 가능한 콘텐츠 플랫폼을 만들어서 한번 애플 제품을 사용하면 다른 브랜드로 갈아타기 힘든 구조로 만든 것도 이런 전략의 하나였다. 프리미엄 스마트폰이라는 브랜드를 확립하기 위해 광고와 마케팅에도 막대한 예산을 들였다.

그리고 앞서 설명했던 것처럼 혁신의 아이콘이라는 스티브 잡스의 대중적 이미지야말로 애플이 보유한 가장 큰 무기였다. 사람들은 평생 거침없이 도전의 길을 걸었던 스티브 잡스를 좋아했고, 그를 닮고 싶어 했다. 애플 사용자들에게 있어 그가 만든 제품을 사는 건 단순히 전자 제품을 구입하는 게 아니라 그의 정신을 따르는 일로 여겨졌다. 아이폰을 사용할 때마다 스스로가 스티브 잡스처럼 꿈을 좇아 질주하는 혁신가가 된 것 같은 기분이 들었다. 가격 대비 성능만을 놓고 보면 다른 제품들보다 압도적인 우위를 갖췄다고 보기 힘든 아이폰이 비싼 가격에도 날개 돋친 듯 팔릴 수 있었던 중요한 이유 중 하나다.

세계 최고의 기업인 애플이 품질만을 내세워 소비자들의 마음을 사로잡았던 게 아니라는 사실은 어떻게든 나의 상품을 팔아야 하는 우리 모두에게 큰 시사점을 준다. 사람들이 내 상품을 집어 들게 하려면 품질에만 신경 쓸 것이 아니라 제품에 스토리를 입혀야 한다는 사실 말이다. 그렇다고 품질은 신경 쓸 것 없고 마케팅과 스토리텔링에만 집중해야 한다는 말로 오해해서는 결코 안 된다. 품질은 기본이고 마케팅까지 잘해야 한다는 뜻이다.

글은 제품에 매력적이고 믿음직한 스토리를 입히는 최고의 수단이다. 특히 마케팅에 많은 비용을 투자할 수 없는 작은 기업이나 개인에게는 꾸준한 글쓰기만큼 효과적인 마케팅 수단이 없다.

글쓰기가 최고의 마케팅 도구인
세 가지 이유

글쓰기가 최고의 마케팅 도구인 이유는 세 가지다. 첫째, 비용이다. 글을 쓰는 데에는 돈이 들지 않는다. TV와 포털 사이트, SNS에 광고를 내보내고, 인플루언서에게 당신의 상품을 쥐여주기 위해 큰돈을 쓸 필요가 없다. 어떻게든 내 상품을 소비자들에게 알리겠다는 열정과 여기에 투자할 시간만 있다면 당신은 쓸 수 있다.

오늘날엔 글쓰기의 마케팅 효율이 훨씬 더 높아졌다. 과거에는 아무리 공들여 잘 쓴 글이라고 하더라도 대중들에게 알리는 일이 쉽지 않았다. 쓰는 건 누구나 해도 알리는 건 아무나 하지 못했다. 40여 년 전 레이 달리오는 매일 새벽같이 출근해 텔렉스로 일일이 글을 보내야 했다. 과거에는 자신의 글을 불특정 다수의 사람에게 읽히려면 신문이나 잡지에 기고하거나 책을 출간하는 방법밖에 없었다. 만만치 않은 일이다.

지금은 달라졌다. 글을 써서 블로그나 SNS에 올리면 사람들이 알아서 찾아와 읽는다. 포털 사이트 메인 화면에 글이 소개되거나 포스팅이 SNS 공유 바람을 타면 하루에 수십만 명도 더 당신이 쓴 글을 읽게 된다. 당신이 원한다면 이메일 뉴스레터를 활용해 언제든지 구독자들에게 당신이 쓴 글을 보낼 수 있다. 이건 다 내가 직접 경험해본 이야기니 자신 있게 말할 수 있다. 앞서 두 권의 책을 출간했을 때 그 내용 중 일부를 블로그에 올려 100만 회가 넘는 조회 수를 올렸고, 평소 꾸준히 운영하던 이메일 뉴스레터를 통해 책의 내용을 소개했다. 덕분에 돈 한 푼 들이지 않고 100만 명이 넘는 사람들에게 책을 알릴 수 있었다. 이 정도 숫자의 사람들에게 광고로 상품을 알리려고 했다면 돈이 얼마나 들었을까?

둘째, 전문성이다. 글을 쓰는 일 자체가 해당 업종에서의 전문성을 기르는 일이다. 글을 씀으로써 사람들에게 상품을 알리고, 사람들의 관심을 구매로 연결하고 싶다면 먼저 자신이 해당 분야의 전문가가 돼야만 한다. 무작정 내 상품이 좋다는 말만 구구절절 늘어놓아선 아무도 그 이야기에 귀를 기울이지 않는다. 그런 글은 독자에게 피로감만 불러일으키는 단어 뭉치에 불과하다. 당신이 어떤 사람이기에 당신을 믿고 상품을 구매해야 하는지, 당신의 상품이 경쟁자들의 상품보다 무엇이 다르고, 어떻게 더 좋은지, 그리고 그 상품을 구매하면 소비자가 어떤 혜택을 얻을 수 있는지 논리적으로 설득해야만 한다.

사람들을 설득하는 글을 쓰는 데 필요한 건 풍부한 지식과 탄탄한 논리다. 글을 쓰기 위해 전문 지식을 쌓아나가야 하고, 사람들을 설득할 수 있는 논리를 갈고닦아야 한다. 글을 한 편씩 완성해나갈 때마다 당신이 점점 더 전문가로 거듭나는 이유다. "글을 쓰기 위해선 매일 연구하고 깊이 생각해야 하므로 이것은 훌륭한 훈련 방식이었다"라는 레이 달리오의 말을 기억하라.

글쓰기가 최고의 마케팅 수단인 세 번째 이유는 신뢰다. 글이야말로 사람들에게서 믿음을 얻어내는 데 최적화된 도구다. 유튜브, 포털 사이트, 인플루언서, TV, 신문, 잡지 등 광고를 실을 수 있는 매체, 상품을 알릴 수 있는 방법은 수없이 많다.

하지만 직접 쓴 글만큼 당신과 당신의 상품을 잘 알릴 수 있는 수단은 없다. 강렬한 영상, 파격적인 이미지, 기발한 광고 문구로 사람들의 마음을 한순간 사로잡을 수는 있지만 그 여운은 그리 오래 가지 않는다. 빨리 끓는 양은 냄비가 더 빨리 식듯, 순간의 감정은 순간에 스쳐 지나간다. 한 번의 멋진 광고로 사람들의 눈을 사로잡을 순 있지만 믿음을 얻기란 쉽지 않다. 존재감을 과시할 수는 있어도 신뢰를 얻기는 힘들다.

믿음에는 시간이 필요하다. 방금 만난 사람을 전적으로 신뢰하는 사람은 세상에 없다. 신뢰를 얻기 위해선 꾸준히 만나며 자신이 믿을 만한 사람이라는 사실을 직접 증명해야 한다. 글에는 세상을 바라보는 당신의 관점, 당신의 성품과 판단력, 지적 능력 등 당신의 모든 것이 고스란히 담겨 있다.

글쓰기는 본질적으로 글쓴이와 읽는 이 둘만의 일대일 대화다. 수백만 권이 팔린 베스트셀러라 해도 읽을 땐 오로지 한 명의 작가와 한 명의 독자만이 존재한다. 당신은 글을 씀으로써 수많은 독자와 동시에 일대일로 대화를 나누며 당신의 모든 것을 보여줄 수 있다. 당신이 믿을 만한 사람임을 증명할 수 있다. 꾸준한 글쓰기를 통한 소통이 사람들에게 신뢰를 얻을 수 있는 최고의 방법인 이유다.

그럼 이 세 가지 이유로 글을 쓰고, 이 세 가지 이유 덕분에 회사를 성공으로 이끈 사례를 만나보자. 스티브 잡스의 이야기가 조금은 멀게 느껴졌다면 이 이야기는 훨씬 더 피부에 와닿으리라 자신한다.

종자 회사 사장은 왜
출판사를 차렸을까?

서울 송파구 문정동에 있는 한 사무실. 인터뷰를 위해 이곳을 찾았던 건 2018년 3월이었다. 인사를 나누자마자 그는 책장에서 누렇게 빛바랜 책들을 꺼내 들며 이렇게 말했다.

출판사 사장도 아니고 종자 회사 사장이 책 쓴다고 10년 넘게 매일 새벽까지 사무실에 남아 있으니 다들 이상하게 생각했죠. 그런데 어쩔 수 없었어요. 외국에서 들여온 허브와 직접 개발한 샐러드용 채소를 일반인에게 알려야 하는데 광고나 홍보에 쓸 돈이 없었거든요. 내가 판매할 상품을 알리기 위해 계속 글을 쓰다 보니 어느덧 책이 14권이 됐더라고요. 나중에는 아예 출판사까지 따로 차렸습니다.

인터뷰의 주인공은 종자 회사 아시아종묘의 창업자 류경오 대표다. 1992년 서른다섯 살의 나이로 종자 개발 업체를 창업한 그는 인터뷰 한 달 전인 2018년 2월 회사를 코스닥에 상장시켰다. 국내 종자 회사로서는 두 번째 코스닥 상장이었으니 그의 열정과 능력이 범상치 않음을 알 수 있다.

어린 시절 가족들과 함께 농사를 지었던 그는 대학과 대학원에서 원예학을 전공했다. 1987년 대학원을 졸업한 뒤에는 한 대형 종자 회사에 입사했다. 앞으로 국내 종자 업체의 해외 수출이 늘어날 것으로 생각했기 때문이다. 이곳에서 그가 했던 일은 동남아시아 시장을 개척하는 것이었다. 동남아 수출팀장이란 직책을 맡아 태국, 인도네시아 등 동남아 국가들의 시골 마을을 누비며 농민들에게 한국 과일과 채소의 씨앗을 팔았다.

이후 다른 회사 한 곳을 더 거친 뒤 1992년 자기 회사를 차렸다. 동남아 국가들을 누비며 쌓아온 네트워크에 자신의 전문 지식까지 더하면 충분히 '내 사업'을 해볼 만하다고 생각했다. 직접 개발한 국산 종자를 외국에 수출하겠다는 목표를 갖고 시작한 사업이었다. 하지만 사업은 생각만큼 쉽지 않았다. 대부분의 창업 초기 기업들처럼 돈은 늘 모자랐고, 회사 제품을 알릴 수 있는 홍보·마케팅 채널도 변변치 않았다. 이미 탄탄히 자리 잡은 경쟁업체들의 견제를 뚫고 나가기가 쉽지 않았다.

창업 2년 만에 돈줄이 말라 곧 부도가 나도 이상하지 않을 상황이 됐다. 이때 그의 눈에 들어온 게 허브 종자였다. 일본에서 허브 종자를 수입해 와 팔면 회사를 살릴 가능성이 있다는 생각이 들자 곧바로 친구에게 돈을 빌려 수입을 시작했다. 1990년대 중반은 국내에서 허브라는 작물이 막 알려지기 시작하던 무렵이다. 사람들에게 허브를 팔려면 먼저 허브에는 어떤 종류가 있고, 종류마다 어떤 효능이 있는지부터 알려야 했다.

벼랑 끝에 몰린 처지에 광고에 쓸 돈은 없었다. 고민 끝에 그가 선택한 방법이 바로 글쓰기였다. 대학교 시절 학보사 편집장을 했던 터라 글 쓰는 일에는 자신이 있었다. 사람들이 내 상품의 가치를 몰라준다면 내가 직접 글을 써서 알리는 수밖에 없다고 생각했다.

하루 종일 회사에서 일하고 집에 돌아와 밤늦게까지 책을 쓰는 생활이 시작됐다. 《허브 사전》(1996년), 《허브 요리와 재배법》(1997년), 《허브 도감》(1998년)이란 제목으로 1년마다 책을 냈다. 처음 출간했던 책들은 모두 번역서였다. 원예학으로 석사까지 받았지만 그 역시 낯선 작물인 허브에 대해선 아는 게 많지 않았다. 스스로의 전문성도 쌓을 겸 영어와 일본어로 된 허브 관련 책들을 한 줄 한 줄 번역해나갔다. 대학원 시절 원서들을 읽으며 쌓았던 어학 실력 덕분에 번역에 도전할 수 있었다. 일단 사람들이 허브에 대해 알게 되면 찾는 사람도 늘어날 테고 회사에도 분명히 도움이 될 것으로 생각했다. 그리고 다행히도 허브 수입 덕분에 회사는 숨통이 트이게 된다.

허브 수입으로 망해가던 회사를 일으켜 세운 그는 1990년대 후반 들어 회사의 새로운 먹거리로 쌈 채소와 새싹 채소에 주목한다. 평소 해외 시장을 누비면서 건강에 관심이 높은 선진국일수록 사람들이 샐러드를 즐겨 먹는다는 사실을 눈여겨봤던 그는 한국에서도 본격적으로 샐러드용 채소의 수요가 늘어날 때가 됐다고 판단한다. 이에 맞춰 샐러드용 채소의 품종을 개발하는 동시에 쌈 채소와 새싹 채소가 건강에 얼마나 좋은지 사람들에게 알리기 위해 글을 쓰기 시작한다. 제품 개발과 시장을 만드는 일을 동시에 추진한 것이다.

자신이 전달하고 싶은 내용으로 자신이 원할 때 독자들과 만나기 위해 이때는 아예 회사 안에 '허브월드'라는 이름의 출판사도 하나 차린 뒤 채소·허브 종자와 관련된 책만 전문적으로 출판했다. 이렇게 해서 《새로운 채소 도감》(1998년), 《기능성 건강식 모음 쌈채》(1998년), 《쌈, 샐러드 채소》(1999년), 《기적의 식품 새싹채소》(2003년) 같은 책들을 연달아 출간할 수 있었다.

그는 농업 전문 신문과 잡지 등 자신에게 연재를 부탁하는 매체가 있다면 어디든 가리지 않고 글을 써서 기고했다. 한 명의 독자라도 더 만나 회사의 상품을 알릴 수 있다면 글을 쓰는 수고를 마다하지 않았다. 이렇게 차곡차곡 모은 원고들을 다시 책으로 출판하는 선순환 구조를 만들었다.

직접 쓴 글을 통해 자신의 상품을 알리려는 류 대표의 노력은 회사가 수백억 원의 매출을 올리는 코스닥 상장사가 된 지금도 계속 이어지고 있다. 주말농장과 텃밭을 가꾸려는 사람들이 점점 늘어나고 있고, 이들을 대상으로 회사의 종자와 농업 기자재를 판매하면 새로운 사업을 키울 수 있다고 판단한 류 대표는 서울 외곽에 도시농업 용품 전문 판매장을 새로 여는 동시에 이에 대한 책도 썼다. 2019년에 출간된 도시 농부 입문서 《농사짓는 CEO 류경오의 도시농업 "12달"》이 이렇게 해서 나온 책이다.

사실 매일 글을 써서 책을 냈던 건 회사를 알려야 한다는 이유가 가장 컸습니다. 그래야 우리 제품을 팔 수 있으니까요. 대표가 그

냥 연구만 하고 있으면 안 되잖아요. 어떻게든 내 상품을 팔아야
죠. 회사를 알리자는 마음에 매일 밤 글을 썼죠. 사실 그래서 안 좋
은 소문이 나기도 했어요. 박사 학위도 없는 놈이 계속 식물도감
같은 책을 내니까 주변에서 안 좋은 소리를 했던 거였죠.

사업체를 운영하는 대표가 매일 퇴근 후 글을 쓴다는 건 쉽지 않
은 일이다. 하지만 어떻게든 내 상품을 팔아야 한다는 절박함이 류
대표를 매일 밤 책상 앞으로 불러들였다. 그리고 그는 글쓰기야말
로 가장 적은 비용으로 회사와 제품을 알릴 수 있는 최고의 마케팅
도구라는 사실을 자신이 회사를 키워왔던 경험을 바탕으로 증명하
고 있다.

역사상 어느 때보다
글의 위력이 강해진 시대

앞서 말했듯이, 요즘엔 글을 써서 사람들에게 널리 퍼뜨리는 일
이 그 어느 때보다도 쉬워졌다. 시간이 흐를수록 글을 써서 전하는
일은 점점 더 쉬워지고 있다. 사람들에게 자신의 상품을 소개하는
내용의 글을 읽게 하려고 류경오 대표처럼 신문이나 잡지에 글을
기고할 필요도 없고, 출판사를 차릴 필요는 더더욱 없다.

블로그나 SNS에 글을 올려도 신문과 잡지에 실릴 때보다 더 많

은 사람들에게 내 글을 보여줄 수 있다. 책을 내고 싶다면 그냥 원고를 작성해 편집·디자인·인쇄·유통 과정을 대행해주는 전문 업체의 웹 사이트에 업로드하기만 하면 된다. 며칠 뒤면 잘 인쇄된 책이 집 앞으로 배달된다. 정보 통신 기술IT의 발달은 항상 기존 중개자의 역할을 최소화하고, 생산자와 소비자의 직접거래를 최대화하는 방향으로 시장을 바꾼다. 아마존과 같은 이커머스 업체가 생산자와 소비자 사이에 촘촘히 놓여 있던 기존 도소매 유통업체들을 빠르게 무너뜨리며 급성장하는 모습을 보면서 모두가 알게 된 사실이다.

이런 변화는 글을 토대로 삼는 언론·출판업계라고 해도 예외가 되지 않는다. 중개인이 사라진 세상에서 상품에 대한 평가는 오로지 소비자의 몫이다. 당신의 글이 사람들의 마음을 움직이고, 독자들이 원하는 지식을 제공할 수만 있다면 당신은 돈 한 푼 들이지 않고 엄청난 마케팅 효과를 거둘 수 있게 됐다. 글을 쓰기에 이처럼 좋은 세상은 지금껏 없었다. 당신이 지금 당장 글을 써야만 하는 또 하나의 이유다.

물론 앞으로도 중개인이자 게이트 키퍼Gate Keeper로서 미디어와 출판사가 갖는 영향력이 사라지지는 않을 것이다. 수없이 많은 콘텐츠 중에서 높은 가치를 지녔지만 제대로 평가되지 못하고 있는 원석을 발굴한 뒤 정밀하게 가공해 세상에 선보이는 일은 오랜 경험과 탄탄한 전문성을 갖추고 있어야만 가능한 일이니까. 다만 이 같은 게이트 키퍼의 역할은 점점 더 줄어들고 있다. 글을 읽는 독자,

콘텐츠를 즐기는 소비자가 게이트 키퍼의 역할을 대체하고 있기 때문이다. 과거엔 미디어와 출판계가 스타 작가를 만들었다. 이제는 달라졌다. 요즘엔 블로그와 페이스북, 인스타그램 같은 자신의 SNS 채널을 통해 이름을 알린 작가를 모셔 오기 위해 미디어와 출판사가 서로 경쟁하는 시대다. 이미 대중들에게 검증된 작가를 섭외해 그의 영향력을 빌려 독자들을 모으고 있다. 힘의 균형이 작가 쪽으로 기울어지고 있고, 앞으로 이런 현상은 점점 가속화될 수밖에 없다. 게이트 키퍼들에겐 불리한 상황이 됐지만 글을 쓰려고 마음먹은 당신과 같은 예비 작가들에겐 더할 나위 없이 좋은 상황이다.

이제껏 강조했듯이, 지금은 글을 써서 자신의 상품을 알리기에 그 어느 때보다 좋은 시기다. 돈 한 푼 들이지 않고도 수많은 사람에게 상품을 사라고 설득할 수 있는 환경이 마련됐으니 말이다. 우리 모두는 결국 살아가면서 무언가를 팔아야만 하고, 글이야말로 소비자들이 당신의 상품을 집어 들게 만드는 가장 매력적인 마케팅 도구다.

하지만 막상 글을 써야겠다고 마음먹더라도 이를 실천하기란 쉽지 않다. 이유는 간단하다. 글을 쓰는 일이 어렵기 때문이다. '글을 쓰는 건 작가들이 하는 일이지, 나 같은 사람하고는 관련 없는 일'이라고 생각하며 여태껏 살아왔으니 글을 쓰는 게 어렵게 느껴질 수밖에 없다. 물론 글쓰기는 어렵다. 누구나 쉽게 글을 쓸 수 있다는 말은 거짓말이다. 평생을 글을 써서 먹고살아온 베테랑 작가에게도 글을 쓰는 건 늘 어렵다. 하얀 워드프로세서 화면을 바라보며 눈바람이 몰아치는 남극 한복판에 버려진 것만 같은 막막함을 느끼는 건 누구나 마찬가지다.

하지만 그럼에도 글을 써야 한다. 어렵고 힘든 만큼 목표를 달성했을 때 거둘 수 있는 성과도 크다. 손만 뻗으면 닿을 수 있는 목표는 목표가 아니다. 그런 일은 이뤄봤자 얻을 것도 별로 없다는 건 당신도 이미 알고 있지 않은가?

지금부터는 20년 동안 구준한 글쓰기로 매년 10억 원이 넘는 매출을 올리고 있는 한 농부의 이야기를 살펴보자. 이 같은 성과를 거둔 사람은 경기도 연천에서 쌀농사를 짓는 50대 농부다. 레이 달리오나 스티브 잡스 같은 최고의 리더들만 글을 쓰는 게 아니다. 당신이 누구든, 당신도 할 수 있다.

글 쓰는 농부가
연 매출 14억 원을 올리는 비결

나는 지난 몇 년 동안 일반적인 기자 일에서 벗어나 꽤 재밌는 경험을 할 수 있었다. 몸담고 있던 신문사와 네이버가 합작해서 만든 콘텐츠 회사에 파견을 나가 몇 년간 일할 기회가 생겼다. 이 회사는 네이버 포털 안에 있는 주제 판 중 하나인 FARM판을 운영했다. FARM이라는 이름에서 알 수 있듯이 주로 농업에 대한 콘텐츠를 제작해 편집·유통하는 회사다. 매일같이 기사만 쓰다가 네이버 플랫폼 안에서 콘텐츠 서비스를 운영하는 일을 하니까 재밌기도 했고, 배우는 것도 참 많았다. 특히 국내 최대의 민간 유료 농업 포럼인 '팜테크 포럼'을 기획하고, 행사 운영을 맡을 수 있었던 건 소중한 경험이었다. 국내 농업계에서 쉽게 찾아보기 힘든 유료 포럼을 흥행시키기 위해 연사 인터뷰와 연사들의 기고 글 등 각종 텍스트 콘텐츠를 제작해 널리 유통시키는 전략을 사용했는데, 덕분에 행사도 2년 연속 성공할 수 있었다.

이 장에서 글이야말로 가장 효과적인 마케팅 수단이라고 자신 있게 말하는 데는 앞서 이야기했던 것처럼 글을 통해 나의 상품인 책을 널리 알리고, 포럼을 성공시켰던 개인적 경험도 큰 영향을 미쳤다. 실제로 적용해서 효과를 봤으니 말이다.

FARM판에서 일하면서 주로 만났던 인터뷰이들은 농식품 분야에서 성공을 거둔 창업자들과 농민들이었다. 연 매출 700억 원대 규모의 식품 회사 창업자부터 대한민국에서 소, 돼지를 가장 잘 기르고, 가장 맛있는 복숭아와 배를 키우는 농민들에 이르기까지 모두 100여 명의 농식품 기업인들과 농민들을 만날 수 있었다.

성공한 농식품 기업 창업자들과 농민들을 만나면서 느꼈던 가장 큰 공통점은 상품을 만들기 전에 먼저 상품을 어떻게 팔지부터 고민한다는 것이었다. 판로 개척이 사업의 성패를 가르는 건 글로벌 대기업이든 작은 농식품 업체든 마찬가지다.

특히 전국 각지에서 같은 상품을 내놓는 수많은 경쟁자와 경쟁해야 하는 농업계에서 성공하기 위해선 자신의 상품을 돋보이게 해서 소비자들이 선택하게 만드는 마케팅 능력이 더더욱 중요하다.

지금부터 이야기할 50대 농민은 꾸준한 글쓰기를 통해 자신이 농사지은 쌀에 발을 달아준 인물이다. 국내 농업계에서도 쌀 시장은 레드오션 중의 레드오션으로 꼽힌다. 사람들이 점점 더 밥을 먹지 않아 소비량은 줄어드는데 생산량은 그만큼 줄어들지 않고 있기 때문이다. 수요는 빠르게 줄어들고 공급은 그대로이니 가격이 점점 떨어질 수밖에 없는 구조다. 이런 상황에서 소비자들과의 직거래를 바탕으로 한 농민이 연간 14억 원의 매출을 올리는 건 쉽게 찾아보기 힘든 일이다. 그는 어떻게 레드오션 속에서 살아남는 걸 넘어 계속 사업을 키워나갈 수 있었던 걸까?

김탁순 백학쌀닷컴 대표는 임진강 북쪽 경기도 연천군 백학면에서 쌀농사를 짓는 농부다. 김 대표가 본격적으로 농사를 짓기 시작한 건 IMF 외환 위기가 한창이던 1998년부터다. 서울과학기술대학교(옛 서울산업대학) 기계공학과를 졸업하고 공장 설비 자동화 업체에서 근무하던 그는 이 무렵 회사를 그만두고 쌀농사를 짓기로 결정한다.

그로부터 21년이 지난 2019년 그가 쌀농사를 통해 벌어들인 매출은 14억 원에 달한다. 자신이 직접 재배한 쌀과 주변 농민들이 수확한 쌀을 사들인 뒤 백학쌀이라는 브랜드를 붙여 자체 온라인 쇼핑몰인 백학쌀닷컴에서 팔고 있다. 이렇게 소비자와 직거래하는 물량만 1년에 1,000톤이 넘는다.

대부분의 농민들은 가을에 벼를 추수한 다음 미곡 종합 처리장에 쌀을 넘기는 것으로 1년 농사를 마무리 짓는다. 김 대표처럼 자신이 농사지은 쌀을 온라인으로 직접 판매하는 농민들은 극히 드물다. 아직도 대다수 농민에게 온라인 쇼핑몰을 만들어 자신이 수확한 농산물을 판매한다는 건 낯선 생각이다. 어렵사리 쇼핑몰을 만든다고 해도 더 힘든 일이 남아 있다. 쇼핑몰만 만들어놓는다고 해서 소비자들이 저절로 찾아오지는 않기 때문이다. 쇼핑몰로 고객들을 끌어들이려면 농사를 짓는 것만큼, 어쩌면 그보다 더 큰 노력을 들여야 한다.

그렇다면 김 대표는 어떻게 백학쌀닷컴으로 고객들이 찾아오게 만들었을까?

소비자들하고 직접 이야기를 나누면서 자기 상품을 팔 수 있는 통로가 꼭 있어야 해요. 그래야만 사람들이 어떤 농산물을 원하는지 파악할 수 있고 안정적으로 수익을 낼 수 있어요. 대형 가공업체와 마트에 부품을 납품하듯이 한 해 동안 농사지은 농산물 모두를 납품하는 방식에는 한계가 있어요. SNS, 홈페이지, 온라인 쇼핑몰, 직거래 장터 등 할 수 있는 모든 방식을 이용해서 소비자와 만나야 합니다.

김 대표는 대부분의 농민들이 온라인 농산물 직거래라는 개념조차 낯설던 2000년대 초반부터 블로그와 인터넷 카페를 통해 농산물을 팔기 시작했다. 백학쌀닷컴 홈페이지를 만든 건 2005년이었다. 그도 처음 몇 년 동안은 다른 농민들과 마찬가지로 쌀을 추수해 미곡 처리장에 넘기고 킬로그램당 얼마씩 쳐서 받아 오는 것으로 1년 농사를 마쳤다.

하지만 어느 순간 이렇게 해서는 더 이상 미래가 없다는 생각이 들었다. 몇 년 사이 쌀 수매 가격이 계속해서 떨어지면서 손에 쥐는 돈도 점점 줄어들어갔다. 자신이 직접 고객을 만나지 못하고 납품업체처럼 쌀을 넘기고 끝내는 방식으로는 계속 떨어지는 쌀값에 속수무책으로 당할 수밖에 없다는 생각이 들었다. 고객과 직접 이야기를 나누면서 그들이 어떤 상품이 원하는지 알기 위해 블로그와 인터넷 카페를 시작했다.

그는 고객에게 처음부터 자신의 상품을 사라고 이야기하지 않았다. 자신이 누군지도 모르는 고객에게 무작정 좋으니 사라고 해봤자 소용없다는 것을 알고 있었다. 대신 그는 자신이 누구이며, 얼마나 정성 들여 쌀을 키우고 있는지부터 보여주려 했다. 볍씨를 준비하는 일부터 모내기하는 모습, 파릇파릇한 벼들이 누렇게 익어가는 모습, 콤바인을 몰고 들녘을 누비며 벼를 수확하는 모습 등 자신이 하는 농사일의 모든 과정을 사진과 함께 그리 길지 않은 글로 담아냈다. 농사 이야기뿐 아니라 자신이 사는 백학면에서 무슨 일이 있었는지 소소한 일상 이야기들도 하나씩 글로 풀어냈다. 사실 글의 내용은 특별할 게 없었다. 농기계를 세차했다든지, 동네 후배가 일하는 밭에 새참을 사서 갔다든지, 새로운 품종을 심었더니 밥맛이 아주 좋았다든지 등등 소소한 일상 이야기가 대부분이었다.

이렇게 농부의 일상을 담아낸 글들이 하루하루 쌓여갈수록 백학쌀닷컴을 찾는 고객의 수는 점차 늘어났다. 평범하지만 성실하게 살아가는 김 대표의 모습을 보면서 이런 농부가 키운 쌀이라면 사서 먹어도 괜찮겠다는 믿음이 쌓여갔기 때문이다. 처음에는 블로그와 카페로 시작했지만 이후 페이스북과 카카오스토리 등 새로운 SNS가 등장할 때마다 무대를 넓혀가며 글을 올렸다. 그리고 이렇게 20년 가까이 꾸준히 글을 써온 결과 김 대표는 쌀농사로 10억 원 중반대의 매출을 올리는 농부가 될 수 있었다.

물론 지금껏 김 대표가 거둔 모든 성과를 글쓰기 덕분이라고만 할 수는 없다. 이는 이 책에서 다루는 모든 이들도 마찬가지다. 김 대표는 직접 쌀을 건조하고 도정하기 위해 설비에 투자하고, 새로 나온 다양한 품종을 심어 밥맛을 높이고, 고객들의 니즈를 반영한 소용량 진공포장 패키지를 내놓는 등 끊임없는 노력을 통해 성공의 발판을 다져왔다. 김 대표 역시 "가장 중요한 건 쌀의 품질을 높이는 일"이라고 말한다.

하지만 만약 그가 지금과 똑같은 노력을 했더라도 꾸준한 글쓰기를 통해 자신의 상품을 소비자들에게 알리지 않았다면 아마도 오늘날과 같은 성과는 거두지 못했을 것이라고 자신 있게 말할 수 있다. 일상을 담은 꾸준한 글쓰기로 사람들이 자신을 믿을 수 있는 농부로 여기게 만든 것이야말로 그의 오늘을 만들어낸 가장 큰 비결이다.

자신의 상품을 팔고 싶은 사람이라면 먼저 사람들이 내 상품의 가치를 알아볼 수 있게 만들어야 한다. 이렇게 좋은 상품을 만들었는데 왜 아무도 몰라주느냐고 원망해봤자 아무 소용 없다. 그리고 진솔함을 담은 꾸준한 글쓰기만큼 사람들의 신뢰를 얻어낼 수 있는 방법은 없다. 글쓰기가 최고의 마케팅 도구인 이유다.

　이번 장에서는 내가 직접 현장에서 만났던 인터뷰이들의 사례를 다루었다. 사실 이들을 최고의 리더라고 말하기는 힘들다. 물론 각자의 분야에서 좋은 성과를 이뤄낸 이들이지만 그렇다고 해서 이들의 성과를 제프 베이조스, 빌 게이츠, 워런 버핏, 스티브 잡스 같은 이들과 비교하기란 어렵다. 나도 알고 있다. 그럼에도 이들의 이야기를 꽤 길게 소개한 이유는 이 글을 읽는 독자들에게 왜 지금 당장 글을 써야 하는지를 보다 생생하게 보여주고 싶었기 때문이다. 특히 김탁순 대표의 사례가 그렇다. 김 대표의 글은 대부분 분량도 짧은 데다 전문 지식이나 대단한 내용이 담겨 있는 것도 아니다. 김 대표는 책을 쓰지도 않았다.

　하지만 그는 20년간 꾸준히 글을 써옴으로써 자신이 원하는 것을 이뤄낼 수 있었다. 경기 연천군의 한 농민이 글을 통해 사람들의 마음을 얻어낸 모습을 보면 왜 당신이 지금 당장 글을 써야 하는지 깨달을 것이다. 잘 쓸 자신이 없어서, 마땅히 할 이야기가 없어서와 같은 말들은 핑계에 불과하다.

　우리는 모두 자신의 상품을 팔면서 살아간다. 자신이 파는 상품의 가치를 높이고 싶다면 당신은 반드시 글을 써야 한다. 최고의 리더는 자신과 조직의 상품을 팔기 위해 글을 쓴다. 그리고 최고의 리더뿐 아니라 우리 모두는 나 자신의 상품을 팔기 위해 글을 써야 한다.

5장

목표

목표를 달성하기 위해 쓴다

Writing for Leaders

목표:
목표를 달성하기 위해 쓴다

최고의 리더는 <u>스스로를 객관적으로 바라보고 목표를 세우기 위해</u> 글을 쓴다. 글쓰기야말로 자신이 지금 서 있는 곳과 나아갈 곳을 정확히 보여주는 최고의 내비게이션이기 때문이다.

최고의 리더가 아니더라도 상관없다. 당신이 누구든 당신은 반드시 글을 써야 한다. 자리에 앉아 생각을 가다듬고 글을 쓰는 행동만으로도 이루길 원하는 목표에 훨씬 더 가까이 다가설 수 있다.

원하는 것을 얻고 싶다면 먼저 내가 무엇을 원하는지부터 정확히 알아야 한다. 정리되지 않은 막연한 생각을 가지고 이룰 수 있는 건 아무것도 없다. 문장으로 명확히 정리되지 않은 생각, 주어와 술어로 분명히 표현되지 않은 생각은 생각이 아니다. 그저 잡념의 덩어리일 뿐이다. 글을 쓰지 않는다면 당신은 바라볼 수도, 판단할 수도, 계획할 수도 없다.

글쓰기가 우리에게 가져다주는 가장 큰 이점은 머릿속을 어지럽게 돌아다니는 수많은 잡념을 하나의 명확한 개념으로 정리해 눈에 보이는 활자로 고정해준다는 것이다. 모든 것이 불확실해 보이는 현실에서 한 걸음 떨어져 차분히 자기 자신을 돌아볼 수 있는 기회를 준다.

글을 쓰기 위해 책상 앞에 앉는 순간 머릿속에 가득하던 상념들이 한곳으로 모여들기 시작한다. 이렇게 모여든 상념들이 하나로 정리되는 순간 문장은 시작된다. 의미 없던 잡념들이 글이라는 필터를 통과해 명확한 생각으로 재탄생한다.

애매모호하게 생각해선 어떤 일도 해낼 수 없다. 과녁이 어디에 있는지도 모르면서 표적을 명중시킬 수는 없다. 생각이 구체적이고 명확하지 않다면 제대로 행동할 수 없다. 명확한 사고에서만 일관되고 단호한 행동이 나온다.

구체적으로 쓰면
실행 방법이 보인다

오늘날 전 세계에서 가장 주목받는 기업인으로 일론 머스크를 꼽는데 이의를 제기할 사람은 아마도 없을 것이다. 전기 자동차 제조업체인 테슬라, 민간 우주탐사업체인 스페이스 엑스, 태양광발전업체인 솔라시티, 이 세 개 회사를 창업해 동시에 운영하고 있는 그는 미국 펜실베이니아대학교에서 경제학과 물리학을 전공한 엔지니어 출신 사업가다.

그가 대학에 다니던 시절에 썼던 글을 하나씩 살펴보면 이미 20대 초반에 앞으로 실행할 사업 아이디어를 모두 마련해놓았다는 사실을 발견할 수 있다.

1994년 12월, 수업 과제로 제출했던 〈태양광발전의 중요성〉이라는 논문에서 그는 태양광발전 패널의 재료가 발달하고, 태양광으로 전력을 생산하는 데 드는 비용이 감소하면서 태양광발전 기술이 훨씬 더 폭넓게 쓰일 것으로 예상했다.

특히 마지막 부분에서는 가로, 세로 4킬로미터 넓이의 공간에 커다란 태양광발전 패널들을 설치하고 여기에서 얻은 전력을 극초단파 광선으로 변환해 지름이 7킬로미터에 달하는 거대한 지상용 수신안테나로 전송하는 미래의 태양광발전소의 모습을 그렸다. 그가 솔라시티를 창업하기 10여 년 전부터 구체적인 사업 계획을 그리고 있었다는 사실을 보여준다.

또 다른 논문에서는 기존 배터리보다 훨씬 더 효율적인 새로운 에너지 저장 장치가 개발될 것으로 예상했다. 이 같은 슈퍼 배터리가 개발되면 일반 배터리보다 100배 이상 빠른 속도로 에너지를 전달하고 충전할 수 있으며, 이를 통해 가까운 미래에는 기존과 전혀 다른 방식으로 설계·제조된 전기 자동차와 비행기, 로켓이 등장할 것이라고 예측했다. 20여 년 뒤 전 세계 자동차업계를 휩쓰는 테슬라의 등장을 예고한 글이었다.

이처럼 20대 초반 대학생 시절부터 일론 머스크는 글을 통해 자신의 아이디어를 구체적인 사업 계획으로 풀어냈다. 태양광발전이나 슈퍼 배터리 같은 첨단 기술에 대해 다루면서도 이 기술들을 개발하는 돈을 어떻게 마련하고 이 기술들을 활용해 어떻게 돈을 벌 수 있을지 고민하는 것도 빼놓지 않았다.

그의 논문을 읽은 교수가 "탁월한 재정 계획과 매우 철저한 분석이 돋보인다"고 평가했던 것을 보면 이를 알 수 있다. 다른 최고의 리더들과 마찬가지로 그 역시 글을 통해 자신의 전문 지식과 아이디어를 구체적인 사업 계획으로 발전시킬 수 있었다.

오늘날의 기업인들 중에서 일론 머스크만큼 천재, 괴짜, 그리고 사기꾼이라는 말을 많이 들었던 창업자는 없다. 2002년 인류를 화성에 보내겠다는 선언과 함께 스페이스 엑스를 창업했을 때만 해도 대부분의 사람들은 일론 머스크의 말을 사람들의 관심을 끌기 위한 허풍 정도로 취급했다.

사람들을 화성에 보내 그곳을 인류의 새로운 터전으로 삼겠다는 그의 계획은 몽상으로, 심하게는 망상으로 여겨졌다. 2008년 스페이스 엑스에서 혼신의 힘을 들여 개발했던 팰컨 로켓이 세 번 연속 발사에 실패하자 사람들에게서 조롱이 쏟아졌다. 이런 상황에서도 일론 머스크는 포기하지 않고 계속해서 로켓 개발을 추진했다.

그리고 2020년 5월 30일, 미국 플로리다주 케네디우주센터에서 발사된 스페이스 엑스의 유인 우주선 '크루 드래건'이 지구궤도 진입에 성공하며 스페이스 엑스는 처음으로 유인 우주선을 발사한 민간 기업이 됐다. 18년 전 회사를 설립하며 선언했던 그의 꿈이 한 발짝 더 현실로 다가오는 순간이었다.

사람들의 숱한 의심과 조롱, 비판에도 일론 머스크가 흔들림 없이 자신의 목표를 향해 나아갈 수 있었던 이유는 바로 스스로에 대한 확신이 있었기 때문이다. 이미 20년도 더 전에 자신의 꿈을 실현하기 위한 로드 맵을 마련해둘 정도로 그는 자신의 꿈과 능력에 대한 믿음이 강했다. 다른 최고의 리더들과 마찬가지로 일론 머스크에게도 글은 자신이 계속해서 나아갈 방향을 가리키는 로드 맵이었다. 또한 미래에 다가올 큰 기회를 예측하고, 기회를 거머쥐기 위해 글을 쓰는 것이야말로 지금껏 살펴본 최고의 리더들에게서 발견할 수 있는 공통점이다.

리더의 사고력과 가치관이 담겨야 한다

역사상 최고의 상금을 내걸었던 글쓰기 콘테스트가 있었다. 승자에게 주어지는 보상은 40만 명의 직원이 일하는 미국에서 열 손가락 안에 드는 회사의 최고경영자 자리였다. 이렇게 거대한 규모의 회사가 앞으로 회사를 이끌 CEO 후보들에게 요구했던 최종 과제가 한 편의 글을 쓰는 일이었다는 걸 보면 글을 통해 뚜렷한 목표를 제시하는 역량이 리더에게 얼마나 중요한지 알 수 있다. 또한 평소 탄탄한 글쓰기 실력을 갖추는 게 자신에게 다가온 결정적인 기회를 움켜쥐는 데 얼마나 큰 도움이 되는지도 알 수 있다.

1980년 잭 웰치 당시 GE 부회장은 다른 두 명의 고위 임원과 함께 앞으로 회사를 이끌 차기 CEO 자리의 최종 후보로 확정된다. 발명왕 에디슨이 1878년 창업한 GE는 당시 미국에서 가장 잘나가는 회사였다. 1980년 한 해 동안 GE가 거둔 매출은 250억 달러에 달했고, 순이익은 15억 달러였다. 모두 40만 명이 일하는 미국에서 열 번째로 큰 회사였다.

당시 잭 웰치의 나이는 마흔다섯 살이었다. 함께 후보로 지명된 임원들의 나이가 각각 쉰여덟, 쉰이었다는 것을 감안할 때 그가 매우 빠른 속도로 정상을 바라보는 위치까지 올라왔다는 걸 알 수 있다. 1960년 일리노이대학교에서 화학공학 박사 학위를 받은 뒤 같은 해 GE에 입사한 그는 불과 20년 만에 말단 직원에서 차기 CEO 후보로 성장했다. 탁월한 능력에 지기 싫어하는 강한 승부욕, 이를 뒷받침하는 치열한 노력이 더해졌기에 가능했던 결과다.

잭 웰치는 이미 수년 전부터 차기 CEO로서의 역량을 검증받고 있었다. GE는 몇 년 동안 이어지는 철저한 검증을 거쳐 차기 CEO를 선발하는 것으로 유명한 회사였다. CEO 후보들에게 각자 조 단위의 매출을 올리는 사업부를 이끌게 한 뒤 그 성과를 바탕으로 최종 후보들을 추렸다. 이런 과정을 통해 경쟁자들이 한 명 한 명 줄어들었고, 마침내 그를 포함한 세 명의 후보만이 최종 리스트에 남게 됐다.

수차례의 면접을 거친 이 세 명의 후보자에게 주어진 최종 과제는 글쓰기였다. 자신이 지금껏 GE에서 거둔 성과에 대해 상세히 평가하는 글을 작성해서 회장과 이사회에 제출하라는 요구였다. 업무 성과뿐 아니라 그들이 어린 시절 어떻게 자랐는지, 앞으로 GE 회장이 된다면 어떤 일을 추진할 계획인지도 자세히 설명하고, '기업은 어떻게 사회에 기여해야 하는가?'라는 질문에 대한 답도 작성하라는 과제를 받았다.

미국을 대표하는 기업인 GE가 이미 혹독한 검증을 통과한 후보들에게 따로 글을 써서 제출하라는 최종 과제를 부여했던 이유는 무엇일까? 능력은 이미 확실히 검증된 후보들이었는데 말이다. GE는 후보자들의 글을 보고 그들의 사고력과 가치관을 최종적으로 판단하려 했다. 직접 쓴 글만큼 그 사람에 대해 잘 알려주는 건 없다는 사실을 알고 있었기에 글을 통해 그들이 이끌어나갈 GE의 미래를 확인하려 했던 것이다.

잭 웰치는 경쟁자들보다 젊은 자신의 나이가 CEO가 되는 데 약점으로 작용할 수 있다고 생각했다. GE와 같은 거대 기업의 수장에게는 젊은 패기보다는 풍부한 경험과 연륜이 더 요구됐기 때문이다. 실제로 당시 GE 이사회 안에서는 잭 웰치를 두고 조금 더 경험을 쌓게 한 뒤 차차기 회장으로 임명하는 게 좋겠다는 의견이 적지 않았다.

하지만 그는 자격과 능력을 충분히 갖췄음에도 단지 나이가 적다는 이유만으로 자신의 꿈을 이루는 순간을 미루고 싶지 않았다. 그렇기에 그는 "이 글에는 당신과 내가 웰치라는 사람에 대해 알 필요가 있는 것들 그 이상의 내용이 담겨 있습니다"라는 문장으로 시작하는 아홉 장의 글을 쓰는 데 혼신의 노력을 기울였다. 먼저 그는 자신이 지난 20년간 GE에서 이뤘던 성과를 다음과 같이 설명했다.

사람들에게 높은 목표를 갖도록 끊임없이 요구했고, 장래가 촉망

되는 직원에게는 무수한 '도약'의 기회를 제공해왔으며, 재능 있고 야망을 가진 인재들을 불러 모으는 데 필요한 분위기를 만들기 위해 노력했습니다.

리더가 꼭 갖춰야만 하는 자질이 무엇이라고 생각하느냐는 질문에도 답했다. 손만 뻗으면 잡을 수 있는 곳에 있는 목표는 목표가 아니며 지금보다 더 크고 더 높은 목표를 추구하도록 만드는 것이야말로 진정한 리더의 역할이라는 게 그의 생각이었다.

리더십이란 내가 교제해온 사람들이 항상 주도적이지는 않더라도 보다 열심히 일하고 더욱 일을 즐기며, 마침내는 그들이 가능하다고 여겼던 것 이상의 성취를 이룸으로써 자신에 대한 더 많은 존경심과 자신감을 얻게 하는 것입니다.

글을 마무리하면서 그는 자신에게 GE를 이끌어나갈 능력이 충분히 있음을, 그리고 GE 회장으로 일하는 것이야말로 자신이 무엇보다도 원하는 것이라는 사실을 다시 한번 강조했다. 기회란 쉽게 찾아오지 않으며 다음 기회는 영영 주어지지 않을 수 있다는 사실을 그는 잘 알고 있었다.

최고의 리더는 자신이 원하는 것을 요구하기를 망설이지 않는다. 다른 사람들이 "그건 네가 갖기에는 너무 과분하다"고 눈을 치켜뜰 때도 고개를 똑바로 들고 상대의 눈을 바라보며 자신이 원하는 것을 당당하게 말한다.

잭 웰치도 그랬다. GE에 입사한 지 6년째 되던 1965년, 그는 새로운 프로젝트의 책임자 자리를 자신에게 맡겨달라고 상사에게 요구했다. GE가 새롭게 개발한 화학물질을 제조업체들에 소개하고 판매하는 역할이었다. 마케팅 경험과 역량이 무엇보다도 중요한 자리였지만 엔지니어 출신으로 그 이전까지 연구실과 공장에서 제품을 개발하고 생산하는 일만 담당했었던 그에게는 마케팅 경험이 전혀 없었다.

하지만 그는 자신의 제안을 거절하고 떠나려는 상사의 차 옆자리에 올라타 한 시간 넘게 상사를 설득했다. 그래도 상사가 확답을 주지 않자 그 뒤부터 일주일 동안 매일 상사에게 전화를 걸어 자신이 그 일을 맡아야 하는 이유를 지치지 않고 설명했다.

"이 고집불통 같으니라고! 결국 자네가 이겼군. 그 일을 맡도록 하게."

일주일 뒤 상사가 그에게 내뱉은 말이다.

15년 전 프로젝트 책임자 자리를 얻기 위해 끈기 있게 행동했을 때와 마찬가지로 그는 CEO 선발을 위한 최종 과제에서도 자신이야말로 그 자리에 어울리는 적임자라는 사실을 반복해서 강조했다.

당신이 있는 곳과 우리 셋이 서 있는 곳은 지금으로서는 상당한 차이가 있습니다. 하지만 나는 그곳으로 갈 수 있는 지적인 능력과 깊이, 태도, 그리고 필요한 모든 리더십을 갖추었다고 생각합니다. GE는 내 인생 그 자체가 되었고, 그 중요성은 해를 거듭할수록 더욱 커지고 있습니다. 내가 여러 업무를 적절히 조화시켜 잘 수행하는지의 여부는 다른 사람들이 판단할 것입니다. 하지만 제가 분명하게 말할 수 있는 것은 그 일을 하고 싶다는 것입니다.

글을 제출하고 얼마 뒤, 잭 웰치는 자신이 GE의 차기 CEO로 선정됐다는 소식을 듣는다. 많은 사람들의 예상을 깨고 40대 젊은 CEO가 등장하는 순간이었다. 1981년부터 2001년까지 그가 회사를 이끄는 동안 GE는 말 그대로 미국 최고의 기업으로 자리 잡는다. 20년 동안 GE의 매출은 4배 이상 늘었고, 시가총액은 30배 가까이 늘어났다.

전 세계에서 1위, 2위를 할 수 있는 사업이 아니라면 돈을 벌고 있는 분야라 하더라도 사업을 접는 과감한 사업 재편 전략과 GE의 성장을 가로막던 관료주의를 없애려는 끝없는 노력이 만들어낸 결과였다. 미국 경제 전문지 〈포천Fortune〉은 그를 "세기의 경영자"라고 칭했고 〈뉴욕타임스〉는 "급진적인 변화를 꾀하며 안일한 기성세대를 타파한 화이트칼라 혁명가"라고 표현했다. 각종 매체의 평가처럼 그는 20세기 후반을 대표하는 경영자였다. 2000년대 초반을 대표하는 경영자가 스티브 잡스였다면 1980년대와 1990년대는 그의 시대였다.

그는 훗날 자신이 CEO 선발의 최종 과제로 써냈던 글에 대해 "거기에는 내가 20년 뒤에 실행하게 되는 많은 아이디어들이 담겨 있었다"고 말했다. 글을 통해 앞으로 자신이 20년간 걸어 나갈 방향을 정했다는 사실을 보여주는 말이다.

세부 과제별로
우선순위를 정리하라

그럼 지금부터 글이 지닌 우선순위의 힘을 활용해 오늘날 최고의 기업을 만들어낸 인물의 사례를 살펴보자. 그는 특히 1999년부터 지금껏 20년이 넘는 세월 동안 매년 주주들에게 자신이 처음으로 썼던 주주 서한을 다시 보내고 있는데 그가 이렇게 하는 이유가 무엇인지도 함께 생각해보면 더 좋을 것이다.

1998년 1월 초 미국 시애틀. 미국에서 가장 오래된 시장으로 시애틀의 대표적인 관광 명소이자 스타벅스의 첫 번째 매장이 있던 파이크 플레이스 마켓에서 두 블록 떨어진 곳에 베이지색 벽면의 컬럼비아빌딩이 있다. 길 건너 건물 맞은편엔 스트립 클럽이 줄지어 늘어서 있고 그 중간에는 마약중독 클리닉이 자리 잡고 있는 음침하고 위험한 동네다.

1년 반 전인 1996년 늦여름, 이 컬럼비아빌딩에 한 회사가 사무실을 찾아 들어왔다. 처음 건물에 들어왔을 때만 해도 직원이 150여 명에 불과했지만 1998년 초에는 그 숫자가 600명으로 늘었을 정도로 빠르게 성장하고 있는 회사였다. 직원이 네 배로 늘어나는 사이 회사 매출은 1,570만 달러에서 1억 4,780만 달러로 여덟 배 이상 늘어났다. 회사의 주력 상품은 책이었다. 온라인 쇼핑몰을 통해 고객에게 책을 주문받아 배송해주는 게 이 회사의 핵심 비즈니스 모델이다.

이 회사는 1995년 여름 시애틀 인근 벨뷰에 자리 잡은 창업자의 집 차고에서 시작됐다. 여름의 폭염과 겨울의 한파를 그대로 견뎌야만 하는 그저 벽돌로 벽을 쌓아 만든 공간이었다. 건축자재 매장에서 사 온 60달러짜리 갈색 문짝 두 개를 책상 상판으로 삼고 그 아래에 목재를 이어 붙여 만든 책상 두 개가 사무기기의 전부였다.

창업자와 그의 아내, 다른 직원 두 명과 함께 시작한 이 회사는 창업한 지 2년도 안 된 1997년 5월 15일에 미국 주식시장에 성공적으로 상장했다. 회사 주식이 주식시장에 상장되면서 회사는 5,400만 달러의 자본금을 손에 쥘 수 있었고, 창업자 역시 억만장자가 됐다. 20년 뒤 그가 갖게 될 부에 비하면 하찮은 액수긴 하지만 말이다.

이 회사 창업자는 170센티미터가 조금 넘는 그리 크지 않은 키에 벌써부터 이마가 벗겨지기 시작한 서른네 살의 남자였다. 이날 그와 다른 임원 두 명은 서로 마주 보고 앉아 몇 시간째 이야기를 나누고 있었다. 회사 역사상 처음으로 주주들에게 보내는 주주 서한에 어떤 내용을 담을지를 두고 격론이 펼쳐졌다.

동료들과의 논의 끝에 회사의 첫 번째 주주 서한에 담을 뼈대를 마련한 창업자 겸 CEO는 책상 앞에 앉아 그 내용을 하나씩 글로 옮겨나갔다. 평소 "크고 넓게 생각해야 한다"고 입버릇처럼 강조했던 그의 성향은 글에서도 그대로 드러난다.

그는 "소심한 투자 결정보다는 담대한 투자 결정을 내려서 시장 선두 주자로서 선점 우위를 얻을 가능성을 높이겠습니다"와 같은 문장들을 통해 자신이 크고 압도적인 이익을 추구함을 공개적으로 밝혔다.

이미 눈치챘겠지만 이 이야기에 등장한 남자는 아마존 창업자 제프 베이조스다. 자기 집 차고에서 시작한 아마존을 20여 년 만에 시가총액 1조 달러가 넘는 세계 최대 규모의 기업으로 키워냈고, 스스로도 세계에서 가장 돈 많은 부자가 된 인물이다. 2020년 4월 〈포브스〉가 발표한 자료에 따르면, 그의 재산은 1,130억 달러(약 139조 원)로 3년 연속 세계 최고 부자의 자리를 놓치지 않고 있다. 그리고 글은 그가 지금의 자리에 오를 수 있는 든든한 밑바탕이 됐다.

그에게 첫 번째 주주 서한은 그저 주주들에게 감사의 말을 전한 뒤 회사의 상황을 안내하는 평범한 글이 아니었다. 그에게 첫 번째 주주 서한을 쓰는 일은 앞으로 자신과 회사가 계속해서 추구할 목표를 정하고, 이를 달성하기 위한 구체적인 전략을 마련하는 작업이었다. 남들이 봤을 때는 키보드를 두드리고 있는 것으로만 보였겠지만, 그의 머릿속에서는 이후 아마존이 수십 년 동안 실행해나갈 전략을 정하고, 세부 과제별로 우선순위를 정하는 작업이 한창이었다.

주주 서한은 회사의 최고경영자가 임직원들을 대표해 회사의 주인인 주주들에게 보내는 편지다. 지난 한 해 동안 회사가 거둔 실적을 알리고 올해에는 어떤 식으로 회사를 이끌어나갈지 설명하기 위해 쓴다.

오늘날 가장 유명하고 그만큼 영향력이 큰 주주 서한으로는 두 가지를 꼽을 수 있다. 방금 말했던 제프 베이조스의 주주 서한과 워런 버핏의 주주 서한이다. 워런 버핏은 1965년부터, 제프 베이조스는 1998년부터 해마다 거르지 않고 주주 서한을 쓰고 있다.

버핏과 베이조스의 주주 서한은 매년 초에 나온다. 전년도의 성과와 실적을 분석하며 목적을 설정하여 공개한다. 이들의 편지가 공개되면 전 세계 언론은 앞다퉈 그 내용을 소개하느라 바쁘다. 이들이 쓴 주주 서한을 분석해 그 안에 담긴 생각을 설명하는 책만 해도 수십 권이 출간됐다.

역사상 가장 큰 부를 일궜고 세계경제에 막대한 영향을 끼치는 이들이 어떤 생각을 가지고 있으며, 어떤 관점으로 세상을 바라보는지 보여주는 글이니 충분히 그럴 만하다. 제프 베이조스처럼 최고의 기업을 만들고 싶은 창업자나 워런 버핏처럼 투자를 통해 막대한 수익을 거두고 싶은 이들에게 그들의 주주 서한은 보석보다도 값진 글이다.

세계 최고의 부자인 이들에겐 말 그대로 시간이 곧 돈이다. 그런 이들이 며칠씩 시간을 들여 직접 글을 쓰는 이유는 무엇일까? 아마존과 버크셔해서웨이의 경영 상황을 알리는 것만이 목표라면 굳이 이들이 글을 쓸 필요는 없다. 회사가 지난 한 해 얼마나 돈을 벌었는지는 주주 서한이 나오기 전에 이미 세상에 공개되고 연차 보고서에 실리는 도표와 그래프만 훑어봐도 쉽게 확인할 수 있다.

최고라고 불리는 리더들에게도 글을 쓰는 건 쉬운 일이 아니다. 자기 생각을 글로 표현하는 것은 그 누구에게도 쉬운 일이 아니다. 하지만 그럼에도 최고의 리더들은 항상 글을 쓴다. 글을 씀으로써 얻는 이익이 글을 쓰기 위해 치러야 하는 비용보다 훨씬 더 크기 때문이다.

제프 베이조스의 주주 서한을 읽어보면 이를 확인할 수 있다. 1999년부터 지금껏 20년 넘게 그는 항상 다음과 같은 문장으로 주주 서한을 마무리해왔다. 그가 회사를 이끄는 한 아마존의 주주 서한은 앞으로도 변함없이 다음 문장으로 마무리될 것이다.

항상 그랬듯이 1997년 베이조스 레터 사본을 첨부합니다. 언제나 첫날의 마음가짐을 잊지 않겠습니다.

제프 베이조스는 전년도 사업 성과를 분석하고 그해의 사업 목표를 설명한 뒤 자신이 처음 썼던 주주 서한을 첨부하는 것으로 모든 글을 마쳐왔다. 첫 번째 주주 서한이야말로 자신과 아마존이 추구하는 핵심 가치와 이를 달성하기 위한 전략을 가장 잘 담아내고 있다고 생각하기 때문이다. "첫날의 마음가짐을 잊지 않겠다"는 말은 처음 세운 전략을 흔들림 없이 밀어붙이겠다는 의지를 보여준다. 그에게 글을 쓴다는 건 전략을 세우고 실천한다는 것과 같은 말이다.

베이조스는 1997년의 성과를 분석하며 썼던 첫 번째 주주 서한에서 자신이 주주 서한을 쓰는 목적은 "목표와 전략을 세우고, 이를 공유하는 데 있다"는 사실을 뚜렷하게 밝히고 있다. 바로 다음 문장을 통해서.

과감한 선택을 할 때 전략적 사고 과정을 여러분과 (경쟁 압력이 허용하는 범위 내에서) 공유하겠습니다. 주주 여러분은 이를 바탕으로 우리의 투자가 장기적 시장 주도권에 적합한 것인지를 직접 평가할 수 있을 것입니다.

베이조스는 첫 번째 주주 서한을 통해 자신이 아마존을 경영할 때 가장 우선 고려하는 가치는 '장기적 이익'이라고 강조한다. 장기적 이익이야말로 우선순위의 가장 앞에 높여진 가치다. 아무리 위험하고 무모해 보이는 일이더라도 그 일이 회사의 장기적 이익에 도움이 된다고 판단되면 망설임 없이 추진하겠다는 뜻을 확실하게 밝혔다.

우리는 성공의 근본적인 척도가 장기간에 걸쳐 우리가 창출하는 주주 가치일 거라고 믿습니다. 이 가치는 현재 우리의 시장 주도적 지위를 강화하고 확장하는 역량의 직접적인 결과일 것입니다. 우리의 시장 주도권이 확고할수록 우리의 경제 모델은 더욱 강력해집니다. 또한 시장 주도권은 매출 증대, 수익성 향상, 자본 확장,

그리고 그에 상응하는 투자수익률 증가로 직결됩니다.

오늘날의 아마존을 만들어낸 혁신적인 결정들은 모두 처음엔 회사 안팎의 의심스러운 시선과 함께 시작됐다. 2000년에는 '마켓 플레이스Market Place' 기능을 도입해 아마존닷컴 안에서 다른 소매업체들이 아마존이 자체적으로 판매하는 상품과 같은 상품을 팔 수 있도록 했다. 눈앞의 수익을 챙기는 것보다는 판매자들(아마존을 포함한) 사이의 경쟁을 통해 고객들에게 더 저렴한 가격으로 제품을 제공하는 게 훨씬 더 중요하다고 판단했기 때문이다.

2004년에는 '프라임Prime' 서비스를 내놨다. 79달러의 연회비를 낸 고객에게는 주문 상품을 이틀 안에 무료로 배송해주는 서비스였다. 배송비 부담 때문에 회사가 휘청거릴지 모른다는 걱정이 컸지만 망설임 없이 밀어붙였다.

2000년대 중반부터는 클라우드 컴퓨팅Cloud Computing 서비스인 '아마존웹서비스AWS' 개발에 막대한 투자금을 쏟아부었다. 온라인 쇼핑몰인 아마존이 뛰어들 사업이 아니라는 비판의 목소리가 높았지만 제프 베이조스의 뜻을 꺾을 순 없었다.

그리고 이 세 가지 서비스, 즉 마켓 플레이스, 프라임, 아마존웹서비스야말로 오늘날의 아마존을 만들어낸 든든한 밑바탕이 됐다. 단기적으로는 큰 위험을 감수하더라도 장기적으로 회사에 막대한 이익을 안겨줄 수 있다고 판단되는 사업이라면 주저하지 않고 뛰어드는 제프 베이조스의 결단력이 만들어낸 성과다.

베이조스는 첫 번째 주주 서한을 통해 장기적인 이익이야말로 자신과 아마존이 추구하는 유일한 목표라는 사실을 밝혔고 이를 실천했다. 그저 목표만 밝히고 끝났던 게 아니다. 실천할 수 있는 전략이 함께 제시되지 않는 목표는 공허하다. 그는 목표를 달성하기 위해 지금 즉시 실행해야 하는 구체적인 행동 방안도 일목요연하게 설명했다.

> 아마존은 장기적 관점을 중시하기 때문에 기존 회사들과는 다른 결정을 내리고 다른 방향성을 취할 수도 있습니다. 따라서 주주 여러분들의 투자 철학이 우리의 생각과 일치하는지 확인할 수 있도록 아마존의 기본 경영 방침과 의사 결정 방식을 공유하고자 합니다.

만약 아마존의 경영 철학에 동의하지 않는 투자자라면 조용히 떠나달라는 뜻이다. 그는 이어 △고객에 대한 집중, △장기적 관점의 투자, △성공뿐만이 아닌 실패를 통한 혁신, △망설임 없고 과감한 투자, △미래 현금 흐름 최대화, △전략적 사고 과정의 공유, △최대한의 비용 절감, △성장에 우선순위를 둔 투자, △스톡옵션에 기반한 직원 인센티브 제공이라는 모두 아홉 가지 행동 방안을 내놓는다.

이처럼 제프 베이조스는 자신의 첫 번째 주주 서한을 통해 앞으로 자신과 회사가 추구할 핵심 목표와 이를 달성하기 위한 구체적인 전략을 모두 제시했다. 그가 단순히 1년 동안 돈을 얼마나 벌었는지 주주들에게 설명하는 것을 넘어 장기적인 전략을 밝히고, 이를 다른 사람들과 공유하기 위해 글을 썼다는 사실을 알 수 있다.

그에게 글쓰기는 현재 자신이 처한 상황을 정확히 분석하고, 회사를 키우기 위한 원대한 목표를 세우고, 이를 달성하기 위한 구체적인 전략을 마련하고, 주주와 회사 내부 구성원들에게 전략에 대해 알리는 모든 과정을 포괄하는 연속적인 흐름이다.

매년 주주 서한을 보낼 때마다 첫 번째 베이조스 레터를 첨부하는 것 역시 자신이 처음 회사를 창업하며 세웠던 목표가 변하지 않았으며, 목표 달성을 위해 수립한 전략을 멈추지 않고 계속해서 추진해나가겠다는 뜻을 강조하기 위해서다.

"그는 1997년 주주 서한에서 로드 맵을 제시했습니다. 그는 해냈을 뿐 아니라 엄청나게 잘 해냈습니다."

2017년 워런 버핏이 버크셔해서웨이 주주총회 자리에서 지난 20여 년간 제프 베이조스와 아마존이 거뒀던 성과를 평가하면서 남긴 말이다.

실책은 깨끗이 인정하고, 해결 방법을 설명하라

글쓰기를 통해 자신과 조직이 처한 상황을 냉철히 분석하고 장기적으로 추구해나갈 목표를 세운 뒤 이를 이뤄낼 수 있는 전략을 제시했던 건 제프 베이조스뿐만이 아니다. 최고의 리더라면 모두가 글을 쓴다. 조직이 리더의 글을 원하기 때문이다.

진정한 리더로 인정받고 싶다면 먼저 앞으로 조직을 어떤 방향으로 이끌어나갈지 구성원들 앞에서 말해야 한다. 자리의 권위가 아닌 신뢰를 바탕으로 조직을 이끄는 리더가 되고 싶다면 말이다.

조직에 가장 큰 해를 끼치는 리더는 조직이 나아갈 방향을 제대로 제시하지 못하는 리더다. 리더의 가장 기본적인 역할은 사람들을 이끄는 것이기 때문이다. 조직 구성원들의 힘을 하나로 모아 같은 목적지를 향해 움직이게 하는 일이야말로 그 누구도 대신할 수 없는 오직 리더만이 할 수 있는 역할이다. 명확한 목표와 이를 달성하기 위해 우선순위에 따라 분류한 전략을 갖추지 못한 조직은 구성원들의 수가 아무리 많고 그들이 역량이 아무리 뛰어나다고 해도 앞으로 나아가지 못한 채 항상 갈팡질팡하며 제자리를 맴돌 뿐이다.

특히 예상치 못한 위기가 닥쳐 구성원들이 동요할 때야말로 리더의 전략 수립 능력이 그 어느 때보다도 더 절실히 요구된다. 지금부터 한 편의 글을 통해 불안에 떠는 사람들의 마음을 안정시키고 차분히 위기 극복의 전략을 제시했던 또 한 명의 전략가를 만나보자.

다시 한번 강조하지만 글쓰기는 최고의 리더들에게도 어려운 일이다. 특히 회사에 돈을 투자한 주주들에게 보내는 주주 서한은 다른 글들보다도 훨씬 더 쓰기 어려울 수밖에 없다. 그렇긴 해도 회사의 실적이 좋기만 하다면 이런 어려움도 즐겁게 이겨낼 수 있다. 지난 한 해 눈부신 실적을 거둔 CEO라면 경쾌하게 키보드를 누르며 자기 생각을 자신감 있게 말할 수 있다. 어떤 이야기를 하든 주주들이 좋아하리라는 것을 알기 때문이다.

하지만 부진한 실적, 그것도 수십 년 회사 역사를 통틀어 최악의 실적을 기록한 뒤라면 이렇게 즐거운 마음으로 글을 쓰기란 불가능하다. 어떤 이야기를 하든 주주들의 마음을 달래기 쉽지 않으니 말이다. 혹여나 그들의 심기를 건드리지나 않을까 단어 하나, 문장 한 줄 쓰는 일도 조심스러울 수밖에 없다.

최고의 리더들은 이런 상황에서 어떻게 글을 쓸까? 위기를 극복할 수 있는 전략을 제시해 실망감에 휩싸여 있는 사람들에게서 신뢰와 지지를 얻고, 이를 바탕으로 다시금 앞으로 나아가고자 할 때는 어떻게 글을 써야 할까?

이에 대해 완벽한 답을 보여주는 글이 있다. 워런 버핏의 글이다. 그는 오늘날을 살아가는 사람들 중 투자로 가장 큰돈을 벌어들인 인물이다. 2020년 기준(〈포브스〉 발표) 그는 재산이 675억 달러(약 80조 원)에 이르는 세계에서 네 번째 가는 부자다. 한때는 빌 게이츠와 제프 베이조스를 제치고 세계 최고의 부자 자리에 오르기도 했었다.

그의 별명은 '오마하의 현인'이다. 미국 네브래스카주 오마하에 살고 있는 현명한 사람이란 뜻이다. 그가 현인으로 불리는 건 그저 투자로 엄청난 돈을 벌어들였기 때문만은 아니다. 돈이 많다고 해서 누구나 현명한 사람이라고 존경받는 건 아니니까 말이다. 그는 천문학적인 재산 규모만큼이나 엄청난 액수의 기부와 사회 환원으로 전 세계 사람들에게 존경을 얻었다. 그가 2019년까지 기부한 금액을 모두 합하면 340억 달러(약 39조 2,800억 원)에 달한다. 자기 재산의 99퍼센트 이상을 기부하겠다는 사람들과의 약속을 지키기 위해서다.

세계 최고의 갑부인 워런 버핏이지만 그의 평소 생활은 소박하기 그지없다. 그는 스물여덟 살이던 1958년에 3만 1,500달러(약 3,700만 원)를 주고 산 집에서 여전히 살고 있으며, 수십 년 동안 12달러의 요금을 내고 단골 이발소를 이용한다. 좋아하는 음식은 20달러짜리 스테이크이며, 아침은 출근길에 맥도널드 드라이브 스루에 들려서 산 맥머핀으로 해결한다.

"주식시장이 좋을 땐 베이컨과 달걀, 그리고 치즈 비스킷이 들어간 3.17달러짜리 세트를 먹고 보통이면 2.95달러짜리를, 그리고 일이 그다지 잘돼가고 있다고 느껴지지 않을 땐 소시지 패티 두 장이 들어간 2.61달러짜리 메뉴를 먹는다"는 게 그의 설명이다.

스스로의 힘으로 세계에서 몇 손가락 안에 드는 부를 일궜지만 언제나 검소하게 생활하고, 그러면서도 남을 위해 돈을 기부하는 걸 아까워하지 않는 이 유쾌한 할아버지를 좋아하지 않기란 쉽지 않다.

투자의 전설로 불리는 버핏이지만 그 역시 모든 투자에서 성공을 거두지는 못했다. 때로는 크고 작은 실패를 맛보기도 했는데, 특히

1999년은 그에게 있어 잔혹한 해였다. 버크셔해서웨이를 이끌기 시작한 1969년 이후 30년 만에 최악의 실적을 기록한 해였으니 말이다.

버핏 스스로도 주주들에게 보낸 편지에서 "1999년도의 실적이 얼마나 저조한지는 여러분도 잘 아실 겁니다. 절대적인 수치상으로도 지난해의 실적은 제가 취임한 이래 사상 최악의 수준이었으며, S&P지수와 비교한 상대적인 측면에서도 최악이었습니다"라고 말했을 정도다.

이때 버크셔해서웨이가 거둔 실적이 더 초라해 보였던 건 전체 주식시장은 훨훨 나는 상황에서 버크셔해서웨이가 투자한 회사들의 주가만 바닥을 쳤기 때문이다. 1999년은 미국 IT 기업들의 주가가 하루가 다르게 치솟으며 시장에는 낙관적 전망이, 투자자들의 얼굴에는 웃음이 가득한 해였다. 이른바 '닷컴 버블'의 시기였다.

그리고 버핏은 시장의 흐름에 올라타기를 거부한 대가를 치렀다. 그는 지금껏 돈 한 푼 벌지 못했고 앞으로도 제대로 수익이 날 길이 없어 보이는 IT 기업들의 주가가 하늘 높은 줄 모르고 치솟는 것은 시장이 광기에 휩싸였기 때문이라고 판단했다. 그가 인터넷, 이동통신, 정보 통신 기술 회사 등 IT 기업에 투자하지 않았던 이유다. 버크셔해서웨이의 실적 자체도 나빴지만 IT 기업들의 주가가 높이 끌어올린 주식시장의 평균 수익률과 비교한 상대 수익률로도 최악이었다.

물론 우리는 이 이야기의 결말을 잘 알고 있다. 버핏이 1999년의 성과를 설명하는 주주 서한을 쓰고 있던 2000년 3월, 딱 그 무렵에 정점을 찍었던 닷컴 버블은 부풀어 올랐던 속도보다 훨씬 더 빠르게 무너져 내렸다.

버핏은 1999년에 기록한 저조한 실적의 이유를 설명하면서 자신이 IT 기업에 투자하지 않은 이유를 구구절절이 늘어놓거나 IT 기업들의 주가가 곧 급락할 것이라는 저주 섞인 예언을 쏟아내지 않는다. 대신 그는 지난 한 해 동안 자신이 투자한 회사들이 실망스러운 성과를 냈던 이유를 분석하고, 앞으로의 계획을 설명하는 데 집중한다.

최고의 리더는 남을 비난, 조롱, 저주하기 위해 글을 쓰지 않는다. 이들은 자신과 조직을 더 강하게 만들기 위해 글을 쓴다. 누군가에게 분노의 화살을 돌린다고 해서 자신이 더 강해지지 않는다는 사실을 알고 있다.

> 이 사태의 책임이 누구에게 있는지는 클루소 형사(〈핑크 팬더〉에 나오는 어리바리한 형사)마저도 밝혀낼 수 있을 겁니다. 바로 여러분의 회장이지요. 제가 거둔 실적을 보고 있노라면 F학점 4개와 D학점 1개가 있는 성적표를 받은 쿼터백이 생각납니다.

버핏은 주주 서한을 시작하며 곧바로 지난 한 해 회사가 거둔 최악의 실적에 대한 책임이 모두 자신에게 있다고 확실하게 말한다. 약간의 유머까지 곁들여서 말이다.

자신의 잘못을 깨끗이 인정하는 것은 스스로에 대한 강한 자신감이 없다면 할 수 없는 일이다. 오직 강자만이 자신의 잘못을 인정하고 반성할 수 있다. 그리고 버핏은 이때뿐 아니라 여러 주주 서한에서 자신의 실책을 깨끗하게 인정한다. 버핏 특유의 유머와 함께 말이다.

지난번 거품이 발생했을 때 나는 대량 보유하던 종목을 팔지 않는 큰 실수를 저질렀습니다. (중략) 그때 내가 무슨 생각을 하고 있었는지 궁금할 것입니다. 나 역시 궁금합니다. (중략) 당시 나는 우리 보유 종목 일부가 과대평가되었다고 말했지만, 그 과대평가 수준을 과소평가했습니다. 나는 행동해야 할 때 말만 앞세웠습니다.

모든 책임은 자신에게 있다고 말한 버핏은 이후 회사의 실적이 극히 부진했던 이유를 하나씩 짚어간다.

우리의 대부분의 돈을 투자하고 있는 몇몇 기업들이 작년에 심각하게 시장에서 뒤처졌습니다. 그들의 영업 실적이 실망스러웠기 때문입니다. 하지만 그럼에도 불구하고 우리는 그 회사들을 좋아합니다. 그리고 그들에게 많은 돈을 투자하는 데 불만이 없습니다. 그러나 작년에 그들이 고전하면서 우리의 실적에 피해를 입힌 것은 사실이지요. 빠른 시간 안에 원상회복할 수 있을지 아직은 확실하지 않습니다.

제너럴 리, 가이코 등 버크셔해서웨이의 주력 계열사들이 지난 한 해 동안 제대로 된 실적을 거두지 못한 탓에 회사 실적이 최악으로 치닫게 됐다는 설명도 이어진다. 저조한 성과의 원인도 숨기지 않고 설명하고 있다.

버핏의 글을 읽으면 조직이 큰 위기에 처했을 때 리더가 어떻게 행동해야 하는지 알려주는 모범 사례를 보는 것 같다. 자신의 책임을 인정하고 위기를 불러온 이유를 정확하게 분석해 구성원들과 공유한다. 그리고 이 위기를 극복하기 위해 추진해야만 하는 목표와 구체적인 전략을 제시한다.

> 우리의 목표는 현재 사업을 잘 운영하는 것입니다. 우리가 보유하고 있는 탁월한 경영자들 덕분에 이 과제는 어렵지 않을 것으로 보입니다. 우리의 또 다른 목표는 이미 보유하고 있는 사람들과 더불어 그들에 비견할 만한 훌륭한 경영자를 더 많이 확보하고, 경제적으로 특색 있는 회사를 인수하는 것입니다. 우리는 1999년에 조던스퍼니처를 인수하고 미드아메리칸에너지의 대부분을 매입하는 계약을 체결함으로써 중요한 진전을 이루었습니다.

버핏은 최악의 실적 앞에서 의기소침해 있을 주주들에게 앞으로 자신이 어디에 초점을 맞춰 회사를 경영해나갈지 그 방향을 명확하게 가리킨다. 우수한 경쟁력을 갖춘 기업을 인수해 회사를 더 강하게 만들겠다고 말하면서 이미 지난 한 해 동안 이를 위해 두 건의 기업 인수를 성사시켰음을 강조하고 있다.

제 순자산의 99퍼센트 이상은 버크셔 주식입니다. 저나 제 아내는
버크셔 주식을 단 한 주도 팔지 않았습니다. 그리고 수표가 부도
가 나지 않는 한 앞으로도 주식을 팔 생각은 없습니다.

버크셔해서웨이의 주가가 떨어지면 가장 큰 손해를 보는 건 바로
자기 자신인 만큼 앞으로도 회사 실적을 올리는 데 최선을 다할 테
니 나를 믿고 안심하라는 말을 "앞으로도 주식을 팔 생각은 없습니
다"라는 말로 대신하고 있다.

마지막으로 버핏은 살아 있는 사례를 통해 버크셔해서웨이가 앞
으로도 꾸준히 성장할 것이라는 걸 주주들에게 확인시킨다. 복잡한
숫자와 재무제표를 내밀며 앞으로의 성장 가능성을 믿으라고 요구
하는 대신 버크셔해서웨이의 한 계열사를 이끌고 있는 CEO의 이
야기로 글을 마무리한다. 자신이 내린 판단 때문에 회사가 신규 사
업에서 손해를 입으면 모든 손실을 자기 돈으로 메꾸겠다고 말했던
가정용 가구 회사 R. C. 윌리의 CEO 빌 차일드 이야기였다. 다행
히 신규 사업은 큰 성공을 거두었고, 워런 버핏은 그에게 성공에 대
한 보상을 하려 했지만 그는 어떤 인센티브도 받으려 하지 않았다.
손해는 모두 자기 자신이 감당하려 마음먹었으면서도 성공에 대한
대가는 받지 않았던 것이다.

어떤 공기업에서도 경영자가 이런 식으로 행동한다는 이야기는 들어본 적이 없습니다. 저는 빌 차일드 같은 사람과 파트너로 일할 수 있다는 사실 때문에 매일 아침 출근하면서 탭 댄스를 춥니다. 여러분도 그런 제 심정을 이해하실 수 있을 것입니다.

빌 차일드처럼 책임감 강한 경영자들이 버크셔해서웨이 계열사들을 이끌고 있고, 그런 만큼 회사의 미래가 밝다는 말이다. 버핏이 쓴 글을 읽다 보면 최고의 리더는 이론이 아닌 스토리로 사람들을 설득한다는 사실을 깨닫는다.

지금까지 살펴보았듯이, 워런 버핏은 최악의 위기가 닥쳤을 때 글로써 사람들 앞에 나가 모든 게 자신의 책임이라 말하며 문제가 발생한 이유와 문제를 해결할 방법을 직접 설명했다. 누군가의 잘못을 지적할 때도 날 선 비난과 유치한 비아냥거림이 아닌 유머와 위트가 가득한 문장으로 품격 있게 말한다. 자신의 잘못을 인정하고 반성하는 행동은 오로지 스스로에게 강한 자신감이 있어야만 할 수 있는 일이다.

필요하다면
강력하게 반박하라

1976년, 미국 뉴멕시코주 앨버커키에 자리 잡은 한 작은 사무실.

1년 전 하버드대학교를 휴학하고 마이크로소프트를 창업한 빌 게이츠는 솟구치는 화를 간신히 눌러가며 타자기 자판을 눌러대고 있었다. 화를 참고 최대한 냉철하게 쓰려고 안간힘을 썼지만 문장들 곳곳에선 강한 분노가 솟구치고 있었다.

단도직입적으로 말해, 당신들이 하는 일은 절도입니다.

얼마 뒤 언론에 공개된 이 편지의 수신인은 미국 전역의 컴퓨터 소프트웨어 이용자들이었다. 정당한 대가를 치르지 않고 마이크로소프트의 소프트웨어를 이용하고 있는 얌체들, 바로 불법 복제 이용자들을 향해 쓴 편지다.

빌 게이츠는 이 편지에서 컴퓨터 애호가라는 이들이 오히려 컴퓨터 산업을 뿌리부터 말려 죽이고 있다고 지적한다. 자신과 동료들이 1년여 동안 4만 달러의 비용을 투입해 만든 '알테어 베이직' 소프트웨어가 큰 인기를 끌고 있지만 90퍼센트 이상의 사용자가 소프트웨어를 불법 복제해 사용해서 회사는 오히려 손해를 보고 말았다고 말한다.

여러분은 좋은 소프트웨어가 만들어지지 못하게 방해하고 있습니다. 누가 아무런 대가도 받지 않고 전문적인 일을 하겠습니까? 취미 생활자들 중에 혼자서 3년 동안 죽어라 프로그래밍을 하고 버그 소탕과 문서화 작업을 마친 후에 그것을 무료로 배포할 사람이 있을까요? 사실 우리 말고는 취미용 소프트웨어에 많은 투자를 한 사람이 아무도 없었습니다.

1970년대 중반이면 아직 개인용 컴퓨터[PC, personal computer]가 등장하기도 전이다. 이때까지만 해도 집에서 컴퓨터를 사용하는 이들은 극소수였고, 이런 모습은 괴짜들의 취미 생활로만 여겨졌다. 빌 게이츠가 컴퓨터 사용자들을 "취미 생활자"라고 부르고 있는 것도 이러한 이유에서다.

컴퓨터 사용이 취미의 영역으로만 여겨졌던 시절, 사람들에게 소프트웨어를 팔아 돈을 벌겠다는 생각은 낯설게 느껴질 수밖에 없었다. 같은 취미를 가진 동호회 회원들끼리 이런저런 자료를 무료로 공유하듯, 소프트웨어 역시 무료로 나눠 갖는 게 당연하다고 여겼던 시절이다.

빌 게이츠는 이런 잘못된 관행에 정면으로 맞서기 위해 글을 썼다. 소프트웨어 역시 누군가가 막대한 시간과 비용을 들여 만든 상품이고, 소프트웨어를 무단으로 복제해 사용하는 행동은 다른 이의 재산을 강탈하는 범죄행위임을 지적했다. 지적 재산으로서 소프트웨어의 가치를 처음으로 선언한 글이었다.

알테어 베이직을 재판매(불법 복제한 소프트웨어를 싼값에 판매하는 행위를 가리킴)하는 사람들은 뭡니까? 그들은 취미용 소프트웨어로 돈을 벌고 있지 않습니까? 사실이 그렇습니다. 하지만 저희에게 신고가 들어온 사람들은 결국 손해를 볼 것입니다. 그들은 취미 생활자의 이름을 더럽히는 사람들이고, 모든 모임에서 제명당해 마땅합니다.

그는 자신이 만든 제품을 불법으로 복제해 판매한 사람들을 그냥 두고 보지 않을 것이라고 경고하며 동시에 이용자들도 불법 복제 소프트웨어를 사용하는 악습을 이제는 그만둬야 한다고 설득한다.

저는 프로그래머 열 명을 고용하고, 훌륭한 소프트웨어를 취미 시장에 맘껏 공급할 수만 있다면 더 바랄 것이 없는 사람입니다.

그가 자신의 편지를 마무리하면서 남긴 말이다. 훗날 세계 최고의 부자가 되는 사람의 꿈치고는 지나치게 소박하다는 생각에 웃음이 나오는 맺음말이다. 그는 이 공개편지에 마이크로소프트의 주소를 적고 "비용을 지불할 의향이 있거나 제안 사항 또는 의견이 있는 사람은 편지를 보내달라"고 덧붙였다. 자신의 주장에 대한 어떤 반대 의견이든 상대해주겠다는 뜻이다.

빌 게이츠는 이 공개편지를 통해 자신에게 유리한 판을 만드는 데 성공한다. 사업을 막 시작했을 무렵 그와 마이크로소프트의 앞날을 가로막고 있던 건 소프트웨어를 불법 복제해 사용하는 걸 당연하게 여기는 관행이었다. 이 같은 상황에서는 아무리 좋은 소프트웨어를 만들어도 돈을 벌 수 없었다. 실제로 빌 게이츠는 인기 높은 소프트웨어를 만들었지만 오히려 손해만 보고 말았다.

알테어 베이직이든 윈도든 엑셀이든 어떤 제품을 내놓든 사람들의 생각이 바뀌지 않는다면 똑같은 일이 계속 반복될 터였다. 소프트웨어를 개발해서 돈을 벌고 싶다면, 회사를 급성장시키고 싶다면 먼저 사람들의 잘못된 인식과 관행을 바꿔야만 했다.

스물한 살의 빌 게이츠는 이 사실을 잘 알고 있었다. 그래서 글을 썼다. 소프트웨어 불법 복제가 범죄라는 사실을 공개적으로 지적함으로써 소프트웨어 지식재산권을 둘러싼 격렬한 논쟁에 불을 지폈다. 논쟁에 불을 지핀 다음에는 망설임 없이 링 위에 올라 반대자들과 난타전을 벌이면서 사람들의 인식을 바꾸었고, 지식재산권을 보호하는 법과 제도가 만들어질 수 있도록 했다. 이렇게 조금씩 사람들의 생각을 바꿔감으로써 그는 마이크로소프트가 마음껏 움직일 수 있는 공간을 만들어냈다.

글이야말로 자신에게 유리한 환경을 만들어내는 최고의 전략적 무기라는 사실을 빌 게이츠는 이때부터 이미 알고 있었다. 컴퓨터를 좋아한다고 하는 사람들, 스스로를 새로운 문화의 개척자라고 생각하는 사람들이 오히려 컴퓨터 산업을 죽이고 있다는 젊은 창업자의 외침에 반박할 수 있는 사람이 누가 있을까?

만약 빌 게이츠가 이 글을 쓰지 않았다면 어떤 일이 벌어졌을까? 사람들의 생각을 바꾸려 하는 대신 사무실에 틀어박혀 '나는 소프트웨어 엔지니어니까 좋은 소프트웨어를 만드는 일에만 집중하자'고 생각하며 개발 일에만 매달렸으면 어떻게 됐을까?

좋은 소프트웨어를 만들어내는 데는 분명 성공했겠지만 노력의 대가를 전혀 받지 못하는 건 달라지지 않았을 것이다. 이런 일이 몇 번 더 반복되면 아무리 소프트웨어 개발과 회사에 대한 애정이 큰 빌 게이츠라고 하더라도 견디지 못했을 게 분명하다. 세상을 원망하며 큰 실망감만 안은 채 다시 학교로 돌아갔을 테고, 오늘날 우리가 아는 빌 게이츠와 마이크로소프트는 존재하지 않았을 것이다.

그는 알고 있었다. 사업의 성공을 결정짓는 가장 중요한 조건은 먼저 자신에게 유리한 환경을 만드는 것이라는 사실을. 좋은 소프트웨어를 만드는 것도 매우 중요한 일이지만 사람들이 돈을 주고 소프트웨어를 사지 않으면 아무 소용 없는 일이라는 것을. 그래서 그는 글을 썼다. 그가 20대부터 자신이 원하는 것을 손에 넣을 수 있었던 비결이다.

목표 달성에 필요한 단계별로 접근하라

글쓰기를 통해 문제 해결을 위한 전략을 구상하고, 여러 세부 과제들의 우선순위를 정한 뒤 이를 흔들림 없이 밀어붙이는 빌 게이츠의 역량은 지금껏 말한 편지를 쓴 지 44년이 지난 뒤 훨씬 더 크고 중요하게 발휘됐다. 2020년 코로나19의 대유행으로 전 세계가 혼란에 휩싸였을 당시 그가 누구보다도 빠르게 문제 해결에 앞장설 수 있었던 데는 글을 씀으로써 빠르고 정확하게 전략을 수립하고 사람들에게 동참을 요구하는 그의 능력이 큰 영향을 끼쳤다.

사실 오늘날의 리더들 중에서 꾸준한 글쓰기가 지닌 힘을 그보다 더 잘 이해하고 있는 이를 찾기란 힘들다. 그는 약 20년 전부터 개인 블로그 〈게이츠 노트〉를 운영해오고 있는데, 요즘도 이곳에 한 달에 서너 편씩 글을 쓴다. 최고의 리더들 중에서도 이처럼 자기 생각을 바탕으로 대중들과 직접 소통하는 이는 찾기 힘들다. 2020년에는 50편의 글을 올렸고 2019년에는 39편의 글을 써서 올렸다. 세계에서 가장 바쁜 사람 중 한 명이지만 아무리 바쁘더라도 글 쓰는 일만큼은 빠뜨리지 않는다.

글의 주제는 다양하다. 소문난 책벌레인 만큼 여름과 겨울 휴가철마다 책을 다섯 권씩 추천하며 각각의 책에 대한 짧은 소감을 올린다. 오랜 친구인 워런 버핏이 90세 생일을 맞았을 때는 직접 케이크를 만드는 동영상과 함께 생일을 축하하는 글도 쓰고, 아버지 윌리엄 게이츠 시니어가 세상을 떠났을 때는 아버지를 기리는 장문의 글을 올리기도 했다.

기후변화, 빈곤, 질병, 교육, 환경, 과학기술 등 인류의 현재와 미래에 큰 영향을 끼치는 주제들은 그가 글을 통해 반복해서 중요하게 다루고 있는 이슈들이다. 특히 코로나19가 전 세계를 강타한 2020년에는 이에 대한 글이 가장 많았다.

코로나19가 무섭게 번져가던 2020년 4월 2일 그가 쓴 '우리 리더들이 지금 당장 할 수 있는 것What Our Leaders Can Do Now'이라는 제목의 글은 감염병의 급속한 확산을 막고, 백신을 개발해 바이러스를 물리치기 위한 그의 전략을 세상에 알리기 위한 글이었다.

그는 "미국이 코로나바이러스의 확산을 막을 수 있는 기회를 놓쳤다는 데는 의문의 여지가 없습니다. 하지만 중요한 결정을 내릴 수 있는 기회는 여전히 열려 있습니다"라는 문장으로 글을 시작한다. 이어 그는 지금처럼 정치 지도자의 결정이 수많은 사람의 삶에 거대한 영향을 끼치는 때는 없었다며 리더들이 올바른 결정을 내려야 한다고 촉구한다.

> 우리의 리더들이 내리는 선택은 확진자 수가 얼마나 빨리 줄어들지, 우리 경제가 얼마나 오랫동안 봉쇄될지, 얼마나 많은 미국인들이 자신이 사랑하는 사람을 코로나바이러스 때문에 묘지에 묻어야 할지에 대해서 결정적인 영향을 끼칩니다.

곧바로 그는 코로나19가 발견된 직후부터 자신이 '빌 앤드 멜린다 게이츠 재단'에 1억 500만 달러를 투입해 코로나 치료제와 확진자 검진 장비 등을 개발하는 과정에서 깨달은 내용을 말하기 시작한다.

최고의 전략가는 아무리 복잡하고 해결하기 어려운 일이더라도 하나씩 순서대로 접근해야만 한다는 사실을 알고 있는 사람이다. 그렇기에 그는 코로나19 극복을 위한 전략도 세 단계로 나눠서 제안했다. 급박한 상황일수록 일의 우선순위를 정하는 게 먼저라는

5장_목표: 목표를 달성하기 위해 쓴다

게 그가 수십 년 동안의 비즈니스를 통해 배운 가장 중요한 교훈이기 때문이다.

또한 빌 게이츠는 누구나 이해할 수 있는 명확하고 단순한 말로 자신의 전략을 제시했다. 그는 아무리 훌륭하고 정교한 전략이더라도 사람들이 이해하기 힘든 말들로 채워져 있다면 현실에서 제 역할을 할 수 없다는 사실 역시 알고 있었던 것이다.

그가 제시한 3단계 전략은 다음과 같다. 첫째, 미국 전역에 걸쳐 '셧다운shut down'을 지속적으로 유지한다. 둘째, 연방 정부는 확진자 검진 역량을 강화한다. 셋째, 데이터에 기반해 치료법과 백신을 개발한다.

얼핏 보면 전략이라고 할 것 없이 당연하게만 느껴지는 말들이지만 미국을 휩쓸기 시작한 코로나19 앞에서 백악관과 연방 정부, 주 정부, 정치권, 의료계 할 것 없이 모두가 우왕좌왕하며 갈피를 잡지 못하던 때야말로 이처럼 단순하고 명확한 전략이 가장 필요했던 시기였다.

> 첫째, 우리는 미국 전역에 걸친 '셧다운'을 지속적으로 시행해야 합니다. 많은 의료 전문가들이 이에 대해 주장함에도 불구하고 몇몇 주들과 카운티에서는 셧다운이 완벽히 시행되지 않고 있습니다. 일부 주에서는 해변이 아직까지 개방돼 있고 다른 주들에서는 여전히 식당 안에 앉아 식사하는 것이 가능합니다.
>
> 이런 모습들은 대재앙으로 향하는 확실한 길입니다. 사람들이 주

간 경계를 넘어 자유롭게 이동할 수 있다면 바이러스 역시 그럴 수 있기 때문입니다. 셧다운을 둘러싼 그 어떤 혼란도 경제적 고통을 증가시키고, 바이러스가 다시 확산되도록 만들어 더 많은 사람들을 죽게 만들 것입니다.

단계별로 취해야 하는 조치들을 말한 뒤에는 그 근거를 짧지만 강력하게 제시한다. 코로나19의 감염 현황에 대한 최신 데이터에 누구보다 폭넓게 접근할 수 있는 그이지만 그의 글에 통계 수치는 단 한 차례도 등장하지 않는다.

"사람들이 자유롭게 여행할 수 있다면 바이러스 역시 그럴 수 있다", "정치인들이 어떤 결정을 내리는지에 따라 얼마나 많은 미국인들이 자신이 사랑하는 사람을 묘지에 묻어야 하는지가 결정된다"처럼 누구나 읽고 바로 이해할 수 있는 표현들만 사용해서 말한다. 표현만이 아니라 단어들도 그렇다. 그가 쓴 글의 원문을 읽어보면 그가 사용하는 단어들이 한국 고등학교에서 가르치는 영어 단어 수준을 벗어나지 않는다는 사실을 발견할 수 있다. 이 글만이 아니라 다른 글들 역시 마찬가지다. 최고의 리더에게 글은 자신의 어휘력과 문장력을 뽐내는 자리가 아니라 최대한 많은 사람들을 자신과 함께 하도록 설득하는 도구이기 때문이다. 최고의 리더일수록 화면 위에 띄워진 유려한 문장이 아닌 진짜 세상에서 거둔 성취를 통해 스스로의 지적 능력을 검증받는다.

당분간은 확진자 검진 장비에 대한 수요가 공급보다 많을 것입니다. 그렇기 때문에 정부는 누가 먼저 확진자 검진을 받아야 하는지에 대한 명확한 우선순위를 마련해야만 합니다. 최우선 검진 대상자는 의료진과 응급 구조요원처럼 위기 대응에 필수적인 역할을 하는 사람이 되어야 하며 그다음으로는 감염으로 가장 큰 위험을 겪게 되는 사람들, 바이러스에 노출될 가능성이 높은 직종에서 일하는 사람들이 되어야만 합니다.

마스크와 산소호흡기 같은 장비도 똑같은 방식으로 분배돼야 합니다. 미국 50개 주 주지사들이 이 같은 장비를 남보다 먼저 구입하도록 경쟁하게 만들고, 병원들이 장비 구매에 터무니없는 가격을 지불하게 만드는 상황은 문제를 훨씬 더 심각하게 악화시킬 뿐입니다.

코로나19 사태 초기에 마스크 가격이 크게 치솟고, 이마저도 구하지 못해 사람들이 발을 동동 굴렀던 건 비단 한국뿐 아니라 미국도 마찬가지였다. 불안감에 휩싸인 사람들이 너도나도 달려가 마스크를 쓸어 담고, 일부 비양심적인 인간들이 이런 위기 상황을 한몫 두둑이 잡을 기회로 여기면서 의료진, 응급 구조요원들처럼 최일선에서 위기와 맞서는 인력조차도 마스크를 구하는 데 어려움을 겪었다. 코로나 확진자를 선별하는 진단 키트 역시 마찬가지였다.

수많은 환자들과 접하면서 누구보다 높은 감염 위험에 노출돼 있는 의료진이 코로나 확진 검사를 받지 못한 채 일하고, 제대로 된 마스크를 착용하지 못한 채 환자들과 만난다면 문제는 훨씬 더 심각해질 수밖에 없다.

이 같은 상황에서 빌 게이츠는 정부와 대중에게 위기와 맞서 싸우는 데 꼭 필요한 인력들에게 우선 장비를 제공해야 한다는 사실을 일깨운다. 먼저 의료진에게 자원을 집중해야만 코로나와의 전쟁에서 승리할 수 있기 때문이다. 위기 상황일수록 우선순위에 따라 행동하라는 전략의 기본 원칙을 감염병과의 싸움에서도 잊지 않았다.

이어서 그는 "백신을 개발하는 건 절반의 승리에 불과하다"고 말하며 미국 정부는 제약 회사들이 미리 대량으로 백신을 생산할 수 있는 설비를 갖출 수 있도록 지원해야 한다고 주장한다. 제약 회사들한테만 맡겨놓으면 그들은 자신들이 개발한 백신이 정식 납품 계약을 맺기 전에는 생산 공장을 미리 건설하지 않을 것이라는 사실을 알고 있었기에 그런 말을 한 것이다. 백신 개발이 성공할지, 실패할지도 모르는 불확실한 상황에서 막대한 비용을 들여 공장을 짓는 위험 부담을 감당하려는 회사는 없다. 제약 회사들은 백신 개발이 성공한 뒤에야 새로운 공장을 짓기 시작할 것이고 공사가 완료돼 백신이 본격 생산되기 전까지 수많은 사람이 계속해서 코로나19에 목숨을 잃고, 고통을 겪어야만 할 것이다. 세계경제가 회복되는 시간도 그만큼 늦어지게 된다. 빌 게이츠가 백신 개발과 생산 공장 건설이 반드시 동시에 진행돼야 한다고 주장한 이유는 이 때문이었다.

마지막으로 그는 갑작스럽게 닥친 거대한 위기로 전 세계가 혼란에 빠져 있지만 과학과 데이터, 전문가들의 노력을 바탕으로 올바른 결정을 내린다면 충분히 문제를 해결해나갈 수 있다는 말로 자신의 글을 마무리한다.

2015년에 저는 TED 강연을 통해 전 세계 리더들에게 각 국가들이 전쟁에 대비하는 것과 똑같은 방법으로, 상황을 시뮬레이션하면서 시스템의 균열을 찾아내는 방법으로 전염병의 대유행에 대해서 대비해야 한다고 주장했습니다. 우리가 지금 보고 있듯이 문제를 해결하기 위해서 아직은 갈 길이 멉니다. 하지만 저는 여전히 우리가 올바른 결정을 내릴 수 있다고 믿고 있습니다. 과학과 데이터에 기반하고 의료 전문가들의 경험을 바탕으로 한 올바른 결정을 내린다면 우리는 사람들의 생명을 구하고 우리들의 국가를 다시 정상으로 회복시킬 수 있습니다.

이후 빌 게이츠는 자신이 글을 통해 밝혔던 전략들을 직접 실행해나갔다. 사실 전 세계의 리더들 중에서 그만큼 이 같은 거대한 위기를 예견하고 미리 대비해온 인물도 없었다. 지난 2000년 자선단체인 '빌 앤드 멜린다 게이츠 재단'을 설립한 그는 이후 20년 동안 재단을 통해 550억 달러(약 61조 원)를 기부했다. 대부분은 개발도상국 주민들의 생활환경을 개선하고 보건 수준을 높이는 데 쓰였으며, 나머지 160억 달러는 각종 질병에 대한 백신 개발·보급 프로그램에 투입됐다.

코로나19 백신 개발과 보급에 큰 역할을 하고 있는 국제 민간 기구인 세계백신면역연합^{GAVI}과 전염병예방혁신연합^{CEPI}이 창설되는 데도 게이츠 재단의 기부가 결정적인 역할을 했다.

코로나19가 불길처럼 번지던 시기에 빌 게이츠는 전 세계 주요 국가들의 지도자들과 수시로 연락하고, 주요 제약사 대표들과 회의를 하면서 백신을 가장 효율적으로 개발하고 보급하는 방법을 모색했다. 지금까지 코로나19 백신 개발에 투입한 금액만 5억 달러가 넘었다.

특히 그가 가장 중요하게 여겼던 과제는 가난한 개발도상국 주민들도 백신주사를 맞을 수 있도록 하는 일이었다. 그는 자신이 투자한 연구소의 연구 성과를 바탕으로 개발된 백신이 비영리 기구를 통해 정상가보다 훨씬 더 싼 가격으로 개발도상국에 공급되도록 함으로써 문제를 풀어나갔다. 전 세계 주요 언론이 그를 "코로나19와의 전쟁을 이끄는 최고사령관"으로 칭하는 것도 이러한 그의 역할 때문이다.

지금껏 살펴본 빌 게이츠, 제프 베이조스, 워런 버핏의 사례에서 알 수 있듯이 최고의 리더는 자신이 세운 전략을 실행하기 위해 글을 쓴다. 그들은 전략을 통해 자신이 힘을 집중해야 하는 과제들의 우선순위를 정하고, 일을 시작하기 전에 먼저 자신에게 유리한 환경을 조성하며, 위기를 헤쳐나갈 방법을 제시한다. 그리고 자신이 글을 통해 밝힌 대로 실천해나간다. 최고의 리더에게 글쓰기가 자신의 목표를 현실로 바꾸는 최고의 전략적 도구인 이유다.

최고의 리더들에게 배운
실전 글쓰기

지금까지 최고의 리더들이 글을 쓰는 이유를 다섯 가지로 나누어 살펴봤다. 최고의 리더는 사람들을 설득하고, 자신만의 판단 기준을 만들고, 스스로를 세상에 알리고, 자신의 상품을 판매하고, 목표를 이루기 위해 글을 쓴다는 것을 알 수 있었다. 마지막으로 그들의 글에서 찾아낸 여덟 가지 공통점을 바탕으로 최고의 리더처럼 글 쓰는 방법을 살펴보면서 이 책을 마무리하겠다.

1. 단도직입적으로 쓰라

최고의 리더들은 재지 않고 글을 단도직입적으로 쓴다. 이 같은 특성은 특히 투자의 거장들이 쓴 글에서 뚜렷하게 찾아볼 수 있다. 미국에서는 투자의 거장들이 일반 개인 투자자들을 위해 쓴 책들이 투자의 고전 반열에 들어선 사례가 많다. 대표적인 예로 워런 버핏의 스승으로 불리는 벤저민 그레이엄이 쓴 《벤저민 그레이엄의 현명한 투자자The Intelligent Investor Rev Ed.》를 들 수 있다. 벤저민 그레이엄은 1949년부터 1972년까지 모두 네 번에 걸쳐 개정판을 출간했다. 책을 쓴 뒤 시간이 지나 투자 환경이 달라지면 이를 반영해 새로운 내용을 추가한 것이다. 1972년에 나온 버전이 그가 마지막으로 내놓은 네 번째 개정판이다.

13년 동안 마젤란 펀드를 운용하면서 연평균 29퍼센트, 누적 2,700퍼센트의 수익률을 올린 '월가의 영웅' 피터 린치 역시 개인 투자자들을 위해 책을 썼다. 베스트셀러 투자 서적인 《전설로 떠나는 월가의 영웅: 주식투자에서 상식으로 성공하는 법One Up on Wall Street》과 《피터 린치의 이기는 투자Beating the Street: Author of the Bestselling One Up on Wall Street》가 그가 남긴 책이다.

더 이상 돈이 아쉽지 않을 투자의 거장들이 공들여 책을 쓴 이유는 간단하다. 자신이 수십 년 동안 투자업계에서 배운 원칙과 기법을 공유해 개인 투자자들도 투자에서 성공을 거둘 수 있도록 돕기

마치며

위해서다. 최소한 개인 투자자들이 무모한 광기에 휘말려 전 재산을 걸고 도박에 나서는 일만은 막아야 한다는 게 그들의 생각이었다. 이런 목표가 뚜렷했기에 그들이 쓴 첫 문장은 간결하고 명쾌하기 그지없다.

> 이 책을 쓴 목적은 초보자도 건전한 투자 전략을 수립하고 실행할 수 있도록 안내하는 것이다. _《현명한 투자자》

> 내가 이 책을 쓴 목적은 개인 투자자들에게 기본적인 정보를 제공하고 투자를 격려하기 위함이다. _《전설로 떠나는 월가의 영웅》

목표가 명확해야 힘 있게 행동할 수 있고, 자신이 말하고 싶은 것이 무엇인지 정확히 알아야 다른 사람들을 설득할 수 있다. 글도 마찬가지다. 최고의 리더들은 자신이 글로써 전하고 싶은 메시지를 정확하게 정리한 다음에야 글을 쓰기 시작한다. 그렇기에 그들의 글은 쓸데없는 말로 다른 이들의 귀한 시간을 낭비하는 일 없이 단도직입적으로 치고 나간다.

자신이 어떤 내용을 말할 것인지 명확하게 밝히고 시작해야만 읽

는 이도 주의력이 흐트러지는 일 없이, 글의 핵심 메시지에 집중할
수 있다.

2. 가르치려 들지 말라

그들은 글을 통해 남을 가르치려 들지 않는다. 치열한 노력을 통
해 최고의 자리에 오른 리더들은 자신의 권위를 바탕으로 다른 이
들을 질책하거나 훈계하려 하지 않는다. 남을 가르치려 하지 않는
글쓰기의 정석을 보여주는 인물이 앞서 살펴봤던 마쓰시타 고노스
케와 이나모리 가즈오다. 밑바닥부터 시작해 한 계단 한 계단 올라
서며 '경영의 신'이라 불리는 자리에까지 올랐던 만큼 이들은 사람
들의 심리를 누구보다 잘 파악하고 있었다.

세상 사람 그 누구도 글을 읽으면서까지 남에게 혼나고 싶어 하
는 사람은 없다. 또한 아무리 좋은 이야기를 해주더라도 듣는 이가
받아들일 준비가 돼 있지 않다면 괜한 반발심만 불러올 뿐이다.

여러분 중에는 내가 말하고자 하는 이야기에 반발하거나 흥미를

가지지 못하는 이들이 있을지 모른다. 충분히 이해한다. 그러나 여러분이 일을 할 때나 인생을 살아가는 도중에 장애와 맞닥뜨렸을 때, 지금의 이야기를 떠올려주었으면 하는 바람이다.

_《일심일언》

마쓰시타 고노스케 역시 마찬가지였다. 그가 쓴 글을 읽어보면 그가 단정적인 어투를 사용해 '나는 옳고, 당신은 틀리다'는 식으로 말하는 걸 피하는 데 크게 신경 썼다는 사실을 쉽게 확인할 수 있다.

대신 그는 모든 글에서 언제나 '나는 이런저런 이유들 때문에 이렇게 생각했고, 실제로 이렇게 행동했더니 좋은 결과를 얻을 수 있었다. 당신도 이렇게 한번 해보는 게 좋을 것 같다'라는 권유 조로 사람들에게 다가간다.

전 세계를 주름잡는 글로벌 기업의 총수가 된 뒤에도 그는 자신이 어린 시절 자전거 상회 점원으로 일하며 배웠던 교훈을 잊지 않았다. 사람들에게 물건을 팔려면 결코 그들의 기분을 상하게 해서는 안 된다는 사실 말이다. 글을 쓰는 건 자기 생각을 파는 일과 같다. 그러니 다르게 행동할 이유는 없다.

3. 말하지 말고 먼저 보여줘라

　최고의 리더들은 자기 생각을 전하고 사람들을 설득하기 위해 바로 보여준다. 그들은 사례가 이론보다 강하다는 사실을 잘 알고 있다. 아름다운 어휘와 정교한 통계로 뒷받침되는 이론이 아니라, 진솔한 이야기 한 토막이 사람의 마음을 훨씬 더 크게 움직인다.

　말하지 않고 보여주는 글쓰기의 좋은 사례는 스웨덴의 보건의료 통계학자인 한스 로슬링의 책《팩트풀니스》에서 찾을 수 있다. 뛰어난 통계학자였지만 그는 결코 빽빽하게 들어찬 숫자만을 가지고 사람들에게 다가가지 않았다. 그의 책은 다음과 같은 감사의 말로 시작된다.

> 정글 칼을 든 성난 한 무리 남자들에게 도륙당할 뻔한 나를 이성적 언쟁으로 구해준 이름 모를 용감한 맨발의 여성에게 이 책을 바친다.
> _《팩트풀니스》

　40세이던 1989년 그는 아프리카 콩고에서 목숨을 잃을 위기에 처한다. 의사로 일했던 그는 사람들의 신체를 불구로 만드는 콘조

병이라는 질병을 치료하기 위해 콩고를 찾았다. 이곳에서 사람들의 혈액과 소변 샘플을 채취해 치료제 개발에 활용하려는 계획이었다. 하지만 마을 주민들 사이에서 "서양 의사가 우리들의 피를 뽑아다 팔아먹으려 한다"는 헛소문이 돌았고, 그는 정글 칼을 든 성난 사람들에게 포위된다. 이때 사람들을 가로막으며 논리 정연한 말로 그의 목숨을 구해준 이가 바로 '용감한 맨발의 여성'이었다. 그는 이 경험을 들려주면서 객관적인 사실을 바탕으로 생각하고, 판단하는 팩트풀니스factfulness(사실 충실성)의 핵심이 무엇인지 차근차근 설명해나간다.

최신 통계를 바탕으로 사람들이 세상에 대해 잘못 알고 있는 사실을 하나하나 짚어나가는 책이지만, 그는 모든 이야기를 자신이 직접 겪었던 흥미로운 경험으로 시작한다. 생생한 사례를 눈앞에 가져다놓는 일이야말로 사람들의 관심을 얻는 가장 효과적인 방법이라는 사실을 알고 있었기 때문이다.

4. 최대한 쉬운 단어와 표현으로 풀어내라

그들은 읽는 이를 위해 글을 쓴다는 사실을 잊지 않는다. 풍부하고 수준 높은 어휘를 사용하고, 유려한 문장들로 가득 채운 글이라고 해서 좋은 글이 되는 것은 아니다. 읽는 이에게 말하고자 하는 내용이 잘 전달되고, 독자들이 더 나은 삶을 살 수 있도록 돕는 글이야말로 좋은 글이다.

최고의 리더들은 최대한 쉬운 단어와 표현을 사용해 복잡하고 어려운 내용을 쉽게 풀어내는 데 집중한다. 글은 자신의 지적 수준을 뽐내는 무대가 아니라 자신이 알고 있는 것들을 다른 이들과 공유하는 자리이기 때문이다. 깊고 넓게 아는 사람일수록 쉽고 짧게 말할 수 있는 법이다.

최고의 리더들은 자기 생각을 다른 무언가에 빗대어 표현할 때도 모든 사람들이 듣고 바로 떠올릴 수 있는 일상적인 대상과 상황을 찾아낸다. 특히 워런 버핏이야말로 이런 글쓰기의 귀재다.

기업 인수 과정에서 투자은행들은 '분석 자료'를 작성하는데, 이 자료를 보면 내가 어린 시절에 보았던 〈슈퍼맨〉 만화가 떠오릅니다. 월스트리트 투자은행의 손을 거치기만 하면 평범한 기업도 단번에 변신해 경쟁자들을 제치고 이익이 총알보다도 빠르게 증가하기 때문입니다.

CEO는 특히 해고당할 때 푸짐한 보상을 받을 수 있습니다. 실제로 해고당한 CEO가 그날 하루 책상을 치우면서 버는 돈이, 미국 근로자가 평생 화장실 청소로 버는 돈보다도 많습니다.

그는 기업 가치를 허무맹랑할 정도로 부풀리는 월스트리트의 그릇된 관행을 〈슈퍼맨〉 만화에 빗대어 비판했다. 과도한 보수를 받아 챙기는 CEO들의 부도덕함을 꼬집을 때는 그들이 책상을 치우는 동안 받는 돈과 청소 근로자가 평생 버는 돈을 비교했다. 누구라도 듣는 순간 바로 이해할 수 있는 비유다.

리더라면 자신만의 언어를 가져야만 한다. 그리고 그 언어는 누구라도 이해할 수 있을 정도로 쉬워야 한다. "내가 무슨 밀을 하는지 이해할 수 있는 사람만 들어라. 이해하지 못하는 사람은 듣지 말라"는 것만큼 리더가 버려야 하는 태도도 없다.

5. 남을 비웃거나 조롱하지 말라

최고의 리더들이 절대로 글에 담지 않는 것이 있다. 남을 비웃거나 조롱하는 것이다. 필자는 지금껏 최고의 리더라고 부를 수 있는 인물들이 쓴 책들을 꽤 많이 읽었다. 저마다 선이 굵은 인생을 걸어온 인물들이기에 무수히 다양한 상황과 인물들이 등장한다. 그러나 그들이 누군가에 대해 비아냥거리면서 조롱하는 것은 아직껏 보지 못했다.

에이브러햄 링컨은 어린 시절 가난 때문에 학교를 다니지 못했다. 그가 처음 글을 쓰기 시작한 건 성인이 되고 난 뒤였다. 문법책을 빌리기 위해 20킬로미터가 넘는 길을 걸어야 했지만, 이제 제대로 된 글을 쓸 수 있다는 생각에 그의 발걸음은 가볍기만 했다.

하지만 링컨은 이렇게 힘겹게 쌓은 글쓰기 실력을 처음엔 잘못된 방향으로 사용했다. 지금으로선 상상하기 힘들지만 젊은 시절의 링컨은 남을 비난하고 놀리는 걸 좋아하는 얄궂은 성격이었다. 글이라는 새로운 무기를 얻게 된 그는 이를 마음대로 휘두르며 남들을 깎아내렸다. 누군가를 조롱하는 글을 써서 사람들이 많이 오가는 길가에 붙여놓기도 했고, 변호사가 된 뒤에는 신문 기고를 통해 다른 이들을 신랄하게 비난했다.

그러던 어느 날 링컨에게 공개적으로 모욕을 당한 한 정치인이 그에게 달려와 결투를 신청했고, 링컨은 어쩔 수 없이 이에 응하게 된다. 결투를 위해 미시시피강의 모래사장 위에 선 두 사람을 다른 사람들이 말리지 못했다면 링컨은 분명 그의 이름을 역사에 남기지 못했을 것이다.

이날의 경험을 통해 링컨은 자신이 평생을 살면서 실천해나가는 한 가지 교훈을 얻는다. 다른 사람을 비난하거나 조롱하지 말라는 교훈이다. 역사상 가장 뛰어난 연설문을 남긴 작가의 글솜씨도 남을 비방하는 일에만 사용된다면 쓸모없는 잡기에 불과할 뿐이다.

말은 쉽게 흩어지지만 글은 계속해서 남는다. 활자로 고정된 조롱과 비난은 상대편에게 말보다 훨씬 더 큰 상처를 남길 뿐 아니라 글쓴이에 대한 강한 적대감만을 심어주게 된다. 또한 남을 헐뜯고 깎아내리기 위해 쓴 글은 글쓴이의 경솔함과 무지를 보여주는 증거가 될 뿐이다. 그렇기에 최고의 리더들은 글에서든 일상에서든 남을 조롱하거나 비난하는 일에 시간을 쏟지 않는다. 그들이 신경 쓰는 것은 오직 행동을 통해 더 나은 자신으로 거듭나는 일뿐이다.

6. 구체적으로 쓰라

최고의 리더들은 어떤 내용이 됐든 대충 뭉뚱그리고 얼렁뚱땅 넘어가는 법이 없다. 자신이 가지고 있는 지식과 경험, 노하우 전부를 남들과 공유할 마음이 서지 않았다면 애초에 글을 쓸 생각도 하지 않았을 것이다. 그들은 자신이 알고 있는 모든 지식을 세밀하고 구체적으로 풀어놓는다.

책《피터 린치의 이기는 투자》는 피터 린치가 개인 투자자들도 주식 투자로 괜찮은 수익을 올릴 수 있도록 돕기 위해 쓴 책이다. 그는 매년 초 한 투자 전문 잡지에 그해의 유망 종목들을 추천해왔는데, 이 책은 그가 추천 종목들을 찾아내는 과정에 대해 다루고 있다. 그는 자신의 기법을 전달하기 위해 3단계에 걸쳐 치밀하게 글을 풀어나간다. 먼저 본문에서는 챕터마다 주식을 몇 개씩 소개하면서 자신이 이 종목들을 유망하다고 생각하는 이유는 무엇인지, 이런 유형의 주식에 투자할 때는 무엇을 중점적으로 살펴야 하는지 상세히 설명했다.

그런 뒤 본문 마지막 장에서는 자신이 그 종목들을 추천하고 나서 6개월 동안 실제로 주가가 어떻게 움직였는지 분석한다. 이를 통해 자신의 예상 중에서 들어맞은 내용은 무엇이고 빗나간 내용은 무엇인지, 자신이 기업을 분석하며 과대평가하거나 놓쳤던 점은 무엇인지를 있는 그대로 보여준다. 마지막으로 책의 에필로그에서는 2년의 시간이 흐른 뒤 이 기업들의 주가와 경쟁력이 어떻게 달라졌는지 다시 한번 찬찬히 설명한다.

그가 추천했던 주식 중에는 2년 사이에 가격이 크게 오른 주식도 많았지만, 주가가 제자리걸음이거나 떨어진 종목들도 있었다. 하지만 그는 이에 개의치 않았다. 중요한 건 자신의 기법을 최대한 자세히 설명하고, 이 방법대로 투자하면 전반적으로 괜찮은 수익률을 거둘 수 있다는 사실을 검증하는 것이었지, 자기 자신을 항상 이기는 투자자로 포장하는 게 아니었기 때문이다.

자신의 주장을 뒷받침하는 뚜렷한 근거를 가지지 못한 사람은 결코 자세하게 풀어서 쓰지 못한다. 자신의 주장에 드리우는 시간의 검증을 통과할 자신이 없기 때문이다. 그래서 항상 애매모호하게 흘리듯이 말한다. 이후 시간이 흘러 결과가 나오면 그 결과에 자신이 했던 말을 끼워 맞추기 바쁘다.

최고의 리더들은 모든 주제에 대해 세밀하고 구체적으로 말한다. 자기 자신의 주장을 뒷받침해줄 탄탄한 근거를 이미 갖추고 있고,

어떤 검증도 통과할 수 있다는 자신감이 있기 때문이다. 강한 확신을 가지고 있는 자만이 구체적으로 말할 수 있다.

7. 공허한 정답이 아닌, 생생한 경험을 쓰라

최고의 리더는 자신이 세상 모든 문제에 정답을 알고 있다고 말하지 않는다. 문제의 해법은 오직 당사자만이 찾아낼 수 있으며, 타인의 역할은 당사자가 스스로를 객관적으로 바라보도록 돕는 데 그친다는 사실을 알고 있다. 그렇기에 자신의 경험을 들려주면서 사람들이 각자 앞에 놓인 상황을 더 폭넓고 장기적인 시각으로 바라볼 수 있도록 돕는다.

미국의 벤처 캐피털 회사 앤드리슨 호로위츠의 CEO 벤 호로위츠는 지금껏 페이스북, 트위터, 인스타그램, 에어비앤비 등 수백 개가 넘는 IT 기업에 투자해온 실리콘밸리의 큰손이다. 벤처 투자가가 되기 전에는 그 역시 숱한 어려움을 이겨내고 창업한 회사를 성공시킨 기업인이었다.

벤 호로위츠는 첫 번째 책《하드씽: 경영의 난제, 어떻게 풀 것인가?The Hard Thing About Hard Things》에 닷컴버블이 무너지고 주식시장이 급락하는 8년 동안 회사를 경영하며 겪었던 아찔했던 순간들과 생존하기 위한 노력, 그리고 그때 배운 교훈을 담았다. 직접 겪어본 사람만이 말해줄 수 있는 현실적인 조언이 가득한 책이다.

'직원을 해고하는 올바른 방법', '충직한 친구를 강등해야 한다면', '친구의 회사에서 직원을 빼돌려 와도 괜찮을까', '나도 해본 적 없는 일의 적임자를 어떻게 찾을 것인가', '사내 정치를 최소화하는 법' 등등 책의 목차만 훑어봐도 이를 알 수 있다.

비즈니스에서 '난제'란 크고 대담한 목표를 세우는 게 아니다. 그런 목표가 실패로 돌아갈 때 사람들을 해고하는 일이다. 큰 꿈을 갖는 게 아니라, 그 꿈이 악몽이 되었을 때 식은땀을 흘리며 잠에서 깨어나 허둥대며 해답을 찾는 일이다.

지금도 수많은 책들이 그런 난제를 근사하게 해결해줄 것 같은 그럴싸한 공식을 내세우고 있다. 문제는 '난제를 풀어내는 공식' 같은 건 없다는 점이다. 그런 공식이 있다고 하면 그건 명백한 거짓말일 것이다. 하지만 그 복잡성을 경감하고 일을 조금은 수월하게

만드는 데 도움이 되는 경험이나 조언이라면 충분히 참고할 법도
하다.   _《하드씽》

최고의 리더들은 자신이 마주쳤던 어려운 문제들에 대해 들려준
다. 만약 자신이 겪었던 것과 비슷한 곤란한 상황에 처해 있는 사람
이라면 자신이 그 문제와 부딪쳐나갔던 과정을 참고해보라고 조언
한다. 그렇기에 그들의 글은 공허하지 않고 실용적이며, 멀리 떨어
진 이상이 아닌 발 디디고 있는 현실을 말한다.

8. 세상에 필요한 글을 써라

평범한 사업가는 자신이 하고 싶은 비즈니스를 한다. 좋은 사업
가는 자신이 잘할 수 있는 비즈니스를 한다. 최고의 사업가는 세상
에 필요한 비즈니스를 한다.
글쓰기도 마찬가지다. 평범한 리더는 자신이 쓰고 싶은 주제에
대해 글을 쓴다. 좋은 리더는 자신이 잘 쓸 수 있는 주제에 대해 글
을 쓴다. 최고의 리더는 세상에 필요한 글을 쓴다. 그들은 사람들이

알아야만 하는 것에 대해 쓴다. 글은 자기 자신이 아니라 읽는 이를 위해 쓰는 것이라는 사실을 언제든 잊지 않는다.

글을 쓰는 일은 '나의 범위'를 넓혀나가는 일이다. 더 많은 사람들에게 나의 생각과 경험, 원칙이 전달될수록 '나'라는 존재의 테두리 역시 더욱 넓어지게 된다. 최고의 리더들은 한층 더 큰 자신이 되기 위해 지금 이 순간 사람들에게 가장 필요한 것이 무엇인지를 먼저 고민한다. 그들이 자신이 쓰고 싶어 하는 주제, 잘 쓸 수 있는 주제를 뛰어넘어 사람들이 알아야만 하는 내용에 대해 글을 쓰는 건 이 때문이다.

지금까지 설명한 이 여덟 가지 원칙이야말로 최고의 리더들에게서 배울 수 있는 인생과 글쓰기의 교훈이다.

이 책《최고의 리더는 글을 쓴다》를 쓰기 위한 지난 1년여 동안의 과정은 필자에게 큰 기쁨과 가르침을 선물해줬다. 최고의 리더들이 쓴 수많은 글을 읽으면서 오늘날의 그들을 만든 '최고의 리더의 사고방식'을 배워나갈 수 있었다. 그들처럼 생각하는 법을 배우는 것이야말로 최고의 리더들이 쓴 책을 읽는 가장 큰 이유다.

이 책은 앞으로 나올 '최고의 리더' 시리즈의 첫 번째 책이다. 곧

이어 《최고의 리더는 책을 읽는다》와 《최고의 리더는 생각한다》도 출간될 예정이다. 후속작에서는 최고의 리더들이 독서를 통해 이룰 수 있었던 성과, 그들을 남과 다르게 만들어준 그들만의 사고법에 대해 다룰 예정이다.

필자는 책을 내놓기 전에 책에 실을 원고의 대부분을 블로그와 뉴스레터를 통해 공개하고 있다. 이 내용을 바탕으로 유튜브 동영상과 팟캐스트 방송도 만들어 올리고 있다. 필자의 각 채널을 구독하면 책이 출간되기 전 미리 콘텐츠를 만날 수 있다. 특히 매주 한 편씩 발송되는 뉴스레터에는 필자가 비즈니스와 투자에 대한 주제로 다양한 매체에 기고하는 글들도 담겨 있으니 많은 독자에게 도움이 되리라 생각한다. (https://page.stibee.com/subscriptions/48278)

지금껏 쓴 책들 모두 독자 여러분이 있었기에 세상에 나올 수 있었다. 앞으로 새롭게 나올 책들 역시 독자 여러분이 있기에 준비를 시작할 수 있었다. 이 책을 선택해주신 모든 독자분들의 앞날에 앞으로도 행운이 가득하길 진심으로 기원한다.

· 참고 문헌 ·

- 《규칙 없음: 넷플릭스, 지구상 가장 빠르고 유연한 기업의 비밀》, 리드 헤이스팅스·에린 마이어 지음, 이경남 옮김, 알에이치코리아

- 《내가 확실히 아는 것들》, 오프라 윈프리 지음, 송연수 옮김, 북하우스

- 《대통령이 된 기자》, 존 F. 케네디 지음, 김창영 옮김, 따뜻한손

- 《마쓰시타 고노스케, 길을 열다》, 마쓰시타 고노스케 지음, 남상진·김상규 옮김, 청림출판

- 《마윈: 세상에 어려운 비즈니스는 없다》, 류스잉·평정 지음, 양성희 옮김, 열린책들

- 《마음에 사심은 없다》, 기타 야스토시 지음, 양준호 옮김, 한국경제신문

- 《베조스 레터》, 스티브 앤더슨 지음, 한정훈 옮김, 리더스북

- 《슈독》, 필 나이트 지음, 안세민 옮김, 사회평론

- 《스타벅스, 커피 한잔에 담긴 성공 신화》, 하워드 슐츠·도리 존스 양 지음, 홍순명 옮김, 김영사

- 《스티브 잡스》, 월터 아이작슨 지음, 안진환 옮김, 민음사

- 《아마존, 세상의 모든 것을 팝니다》, 브래드 스톤 지음, 야나 마키에이라 옮김, 21세기북스

- 《아메바 경영》, 이나모리 가즈오 지음, 양준호 옮김, 한국경제신문

- 《여보, 나 좀 도와줘》, 노무현 지음, 돌베개

- 《용기 있는 사람들》, 존 F. 케네디 지음, 박광순 옮김, 범우사

- 《워런 버핏 바이블》, 워런 버핏·리처드 코너스 지음, 이건 편역, 신진오 감수, 에프엔미디어

- 《원칙》, 레이 달리오 지음, 고영태 옮김, 한빛비즈

- 《이나모리 가즈오: 위기를 기적으로 만든 혼의 경영》, 송희영 지음, 21세기북스

- 《일론 머스크, 미래의 설계자》, 애슐리 반스 지음, 안기순 옮김, 김영사

- 《일심일언》, 이나모리 가즈오 지음, 양준호 옮김, 한국경제신문

- 《잭 웰치·끝없는 도전과 용기》, 잭 웰치 지음, 이동현 옮김, 강석진 감수, 청림출판

- 《전설로 떠나는 월가의 영웅》, 피터 린치·존 로스차일드 지음, 이건 옮김, 국일증권경제연구소

- 《초격차, 리더의 질문: 위기와 기회의 시대 기업의 길을 묻다》, 권오현 지음, 김상근 정리, 쌤앤파커스

- 《팩트풀니스》, 한스 로슬링·올라 로슬링·안나 로슬링 뢴룬드 지음, 이창신 옮김, 김영사

- 《하드씽》, 벤 호로위츠 지음, 안진환 옮김, 36.5

- 《현명한 투자자 1》, 벤저민 그레이엄 지음, 이건 옮김, 신진오 감수, 국일증권경제연구소

- 《회장님의 메모》, 앨런 그린버그 지음, 홍은주 옮김, 이콘

- 1997년 제프 베이조스의 주주 서한

- 2017년 버크셔해서웨이 주주총회

- The Gates Notes—The Blog of Bill Gates, 〈What Our Leaders Can Do Now〉, 2020년 4월 2일(https://www.gatesnotes.com/Health/What-our-leaders-can-do-now)

1퍼센트 리더들의 성공 습관

최고의 리더는 글을 쓴다

초판 1쇄 발행 │ 2021년 2월 17일
초판 3쇄 발행 │ 2021년 8월 16일

지은이   │ 홍선표
펴낸이   │ 전준석
펴낸곳   │ 시크릿하우스
주소   │ 서울특별시 마포구 독막로3길 51, 402호
대표전화   │ 02-6339-0117
팩스   │ 02-304-9122
이메일   │ secret@jstone.biz
블로그   │ blog.naver.com/jstone2018
페이스북   │ @secrethouse2018
인스타그램 │ @secrethouse_book
출판등록   │ 2018년 10월 1일 제2019-000001호

ⓒ홍선표, 2021

ISBN 979-11-90259-48-4   03320